本书（第二版）系陕西省第九批"百人计划"成果

当代恐怖主义与反恐怖策略

Contemporary Terrorism and
Counter-terrorism
STRATEGY

张金平·著

时事出版社
北京

前　言

一

　　组织能量、两个"循环圈"和社会—政治秩序，是认识当代恐怖主义和当代恐怖主义问题的三个基本概念。

　　组织能量是把握恐怖势力及其活动的基本概念。组织能量决定了恐怖势力及其组织的活动态势；不同的组织能量，决定了不同恐怖势力自身的根本特点。组织能量，也是衡量反恐怖工作效果的基本概念，有效摧毁恐怖势力组织能量是评判反恐怖工作效果的基本标准；有效遏制、打击恐怖势力组织能量生成的各个环节、组织能量的生成路径，是反恐怖工作的基本方向。

　　组织能量的生成、膨胀、输出，形成了全球两个"循环圈"。在这两个"循环圈"中，恐怖活动的四个要素——恐怖组织网络与人员、恐怖资金等资源、恐怖势力所采用的极端主义和恐怖暴力——在全球流动，推动了当代恐怖主义成为真正的全球性及全球化问题。

　　社会—政治秩序，是当代世界的基本社会、政治理念与原则，如政教分离、人的解放等；是当代世界的基本社会、政治制度、规范的现实存在。当代恐怖主义的本质就是试图挑战、颠覆当代世界的社会—政治秩序；反恐怖工作的重心就是维护当代社会—政治秩序，将当代社会—政治秩序作为一种反恐怖的重要资源与优势，荡涤当代社会—政治秩序的弊端并弥补其缺陷。认识恐怖主义问题的一个基本方向，就是通过反恐怖工作将当代社会—政治秩序推向新的发展阶段、新的完善阶段。

二

当代恐怖主义，是二十世纪七八十年代以来不断膨胀的以宗教极端主义为旗帜的恐怖主义，这一时期还有其他类型的恐怖主义活动，但都无法与宗教极端主义为旗帜的恐怖势力的猖獗程度相比，以宗教极端主义为旗帜的恐怖主义是当代世界最突出、最猖獗的恐怖活动。

当代恐怖主义是一个历史现象，历史上有数波重大的恐怖主义活动潮。当代恐怖主义经历了三个突出的活动潮，第一波恐怖主义活动潮自二十世纪七八十年代起到1998年，核心恐怖势力是埃及、阿尔及利亚等西亚北非地区生长起来的恐怖组织，重大恐怖袭击事件包括萨达特总统遇刺、纽约世贸大厦爆炸等；第二波恐怖主义活动潮自1998年到2011年，核心恐怖势力为"基地"恐怖组织及其联盟，重大恐怖袭击事件包括东非大爆炸、"9·11"事件等；第三波恐怖主义活动潮自2011年至今。每一波恐怖主义活动潮都伴随着重大的世界性事件。

当代恐怖主义是当代世界突出的全球现象，每个阶段、每个地区、不同势力之间的活动具有连贯性、统一性；但每个恐怖组织、每个区域、每一活动潮的恐怖活动，又是具体的、独特的。反恐怖工作需要立足于对恐怖主义、恐怖主义问题的清醒认识——没有清醒、正确的认识，反恐怖行动既可能懈怠或惊慌失措，也可能在现代社会—政治秩序的根本方向上自我迷失、或被恐怖势力蛊惑牵制而偏离乃至背离现代社会—政治秩序的正确方向。

三

当代恐怖主义滋生于当代社会，膨胀于当代社会，猖獗于当代社会，也必将在当代社会—政治秩序的环境中衰败、消散。如何更好地发挥当代社会—政治秩序的力量促进反恐怖行动？如何以反恐怖工作促进当代社会—政治秩序的完善、进步？这是进一步认识恐怖主义问题的重要议题。

目 录 CONTENTS

第一章　恐怖势力及其组织能量　001

第一节　组织能量的构成　003

第二节　组织能量的三个节点及恐怖活动态势　013

第二章　恐怖主义问题　022

第一节　恐怖主义极端性的两个方面　022

第二节　恐怖主义问题的核心　038

第三章　恐怖组织　053

第一节　恐怖组织的形成　053

第二节　恐怖组织突破第三节点后的走向　066

第四章　当代恐怖主义浪潮　072

第一节　当代恐怖主义的形成与扩散　073

第二节　"基地"组织的暴恐化及当代恐怖主义的全球化　080

第三节　当代恐怖主义组建极端政权的活动　　094

　　第四节　恐怖活动阶段性高潮的原因及其走势　　104

第五章　反恐怖武力打击行动　　112

　　第一节　武力在处置恐怖主义事件中的运用
　　　　　　——武力营救人质案例分析　　113

　　第二节　精确打击、有限行动的反恐怖武力打击行动　　122

　　第三节　战争反恐怖行动分析　　132

第六章　反恐怖防范与社会治理　　142

　　第一节　反恐怖防范工作及其逻辑　　142

　　第二节　反恐怖社会治理工作　　147

　　第三节　反恐怖工作体系与反恐怖战略　　159

第七章　中国的反恐怖策略　　176

　　第一节　反恐怖工作的指导理念与策略　　176

　　第二节　反恐怖能力建设　　180

　　第三节　反对一切形式的恐怖主义　　186

后记　　191

第一章
恐怖势力及其组织能量

认识恐怖势力是认识恐怖主义问题的基础。

组织能量决定着恐怖势力实施恐怖活动特别是恐怖袭击的方式；观察分析其组织能量及其要素，是把握恐怖势力活动趋势的坐标。组织化是发挥恐怖势力能量的基本条件。

政治暴力是有组织的，恐怖暴力也是如此。也有一些恐怖分子个体在活动，如美国的邮包杀手案，[①] 但这在恐怖主义活动中是极少数的。在现实发展路径中，极端分子往往首先在组织上凝聚出一股力量并不断获得行动能力，之后不断地将其恐怖化。恐怖暴力通过其暴力组织、暴力目标、暴力手段、暴力功能等方面表现其政治诉求。实施恐怖暴力的组织是非国家的，也是非群众性的，[②] 其组织活动具有密谋、非群众性运动的特点。

恐怖主义组织"相信暴力破坏可以救世，相信暴力作为一种目的具有其合理性，梦想在旧秩序的废墟上建立一个全新的社会秩序"。[③] 恐怖暴力的组织化特征将恐怖主义组织与其他政治行为体区别开来，与其他暴力和犯罪行为体区别开来，将形形色色的恐怖组织区别开来。恐怖

[①] 王国强、胡凡：《国际恐怖与反恐怖斗争》，国防大学出版社 1999 年，第 187—190 页。

[②] 【美】保罗·R. 皮拉尔：《恐怖主义与美国外交政策》，中国友谊出版社 2003 年版，第 15—17 页。

[③] 【美】文森特·帕里曼等：《当代社会问题》，华夏出版社 2002 年版，第 157 页。

暴力的政治性与其极端暴力相关联，一方面恐怖分子有组织地积聚、动员恐怖能力，另一方面通过恐怖组织筹划与实施针对平民的恐怖暴力。

恐怖组织与公开的、合法的政治组织不同，因为其采用非法的、极端的暴力形式。因此，与政治犯相关的国际法原则不适用于恐怖组织和恐怖分子，如对恐怖分子或者引渡或者起诉的原则正在被国际社会普遍接受。[①]

恐怖组织与黑社会等犯罪组织也不同。恐怖组织具有明确和一贯的政治目的，黑社会犯罪组织则着力于经济等物质性利益。

形形色色的恐怖组织，因其政治"旗帜"的差别而被区别开来，如左翼恐怖主义和右翼恐怖主义组织、民族分离恐怖组织、宗教恐怖组织等等。这些政治"旗帜"，也是恐怖主义进行恐怖动员和蛊惑的一种组织资源。

国际恐怖主义活动，必须有严密的组织形式，甚至是专门化分工较强的组织化结构形式，方可有能力组织、策划和实施恐怖暴力。如果是全球性恐怖暴力，组织化更是其必备条件，以控制、指挥、连接恐怖暴力的各个环节。[②] 特别是在当前国际恐怖主义全球化趋势增强的大背景下，恐怖主义在全球范围内组织恐怖力量和开展恐怖活动的空间越来越大，也越来越必要。全球各地各类不同恐怖组织之间，能够借助现代化技术和工具，形成全球网络组织同盟，相互策应与合作、相互沟通甚至进行秘密国际会议、协同行动与互通情报。当代国际恐怖主义气焰嚣张的一个重要原因，就是"基地"组织在全球范围内与世界各地的本土恐怖组织之间建立了组织联系，形成了国际恐怖组织网络，即全球恐怖组织的"基地化"，分散于全球60多个国家；而"伊斯兰国"势力在全球范围招募成员、聚合资源、扩散恐怖威胁。

[①] 1937年的《防止和惩治恐怖主义公约》明确地把恐怖罪行列入可引渡罪，不作为政治犯罪，如不引渡，则必须起诉。这实际上是从打击这种犯罪的客观需要出发从法律上做出的规定，把这种犯罪非政治化。从理论上看，在西方犯罪学理论界普遍把这种犯罪列入政治犯罪的范围。因为恐怖主义使用暴力的动机和目的是政治性的，目标是反对国家和社会。正因为这种犯罪在理论上看是政治犯罪，由于它的社会危害性特别大，所以，在实践上不按政治犯罪对待。我国和世界绝大多数国家都是这样做的。

[②] 赵永琛主编：《跨国犯罪对策》，吉林人民出版社2000年版，第78页。

恐怖主义组织，以严格、秘密而高效的组织运行模式吸纳恐怖分子，并对恐怖分子进行恐怖培训。阿富汗、苏丹、巴基斯坦边境地区等世界许多地区都有国际恐怖主义组织的培训营地。通过秘密而高效的组织运行模式，恐怖分子获得进行恐怖活动的资金和其他资源。

与经济犯罪组织相比，恐怖组织具有政治意识及相应的组织自觉性，并具有组织严密、组织化程度高、组织网络广泛等特点，其行动秘密、诡异而有力。此外，恐怖组织还有严密的组织结构、严格的组织纪律，能够对恐怖分子进行有效、有力的指挥和统辖。

第一节　组织能量的构成

恐怖势力的暴力基础是其组织能量，包括四个要素：组织结构及其运行能力、极端主义影响力、资源聚合力和暴力行为能力。每个要素都代表着其能量的一个重要层面，是组织能量不可或缺的部分。

一、组织结构及其运行能力

恐怖势力的组织结构，主要观察其组成、运作方式及其相应的组织活力，包括组织层级及相互关系、组织规模（网络）及其组织关系，以此界定该势力的组织形态、组织活力。

组织结构形态，对于具体的恐怖组织来说，往往是变化的，受到组织自身实力、社会环境，及通讯联系与交通条件、反恐怖工作力度等影响。组织结构形态的调整，是为了适应其恐怖活动的需要，不同的结构形态是否能够给恐怖势力组织带来活力，主要看该组织结构形态是否有利于该组织的恐怖活动。"基地"组织自1998年以来发生了重大变化，"伊斯兰国"自2013年以来的数年时间也经历了重大组织结构变化。

无论哪类组织结构形态，都需要有组织内核，即领导人（层）内核，组织结构形态的差别就是领导内核运行模式的差别。但无论什么样的结构形态，都需要领导人，或者是决策型的、或者是精神引导型的。看似松散的组织结构形态，其组织内聚力都来自领导内核的影响力。

同一恐怖组织结构的具体形式，会有很大差别，取决于组织范围内领导人（层）与各组成人员（力量）之间的关系。每一恐怖组织的产生都是具体的，有具体的地域社会条件、政治安全条件等。

组织层级关系的核心是领导权关系，是组织内核的存在、运行方式。当代恐怖势力的组织结构，主要有以下几种形态：

其一，严格的层级结构。

在这种组织结构状态下，组织的权力集中，组织内核是处于组织最顶层的领导层，从基层到核心领导的不同层级的组织权力界限分明，行动指令自上而下传递。

这一结构形态优点是整体性强，具有军事组织特性，能够高效利用组织资源，在一段时期集中实施恐怖暴力活动或者实施重大恐怖活动，是最具实力的组织结构形态。"伊斯兰国"在伊拉克、叙利亚等地之所以能够实施大规模武装活动包括武装攻势，其依托的也是严格的军事化性质的组织结构。

这一结构形态的弱点是易于遭到集中打击。一旦组织的核心部分遭到打击，该组织就会迅速瘫痪，或者组织的某个环节遭到打击，其组织层级联系就会遭到严重破坏，组织运行会受很大影响。

恐怖势力的组织结构会根据现实环境而变化。在恐怖势力组织聚合形成之初，往往采取层级结构以利于高效聚合资源、统一行动。随着组织的发展，或者因组织扩张、或者因组织遭到沉重打击，组织形态会向另外两类演化。

权力集中是恐怖组织的一个重要特点。恐怖活动特别是恐怖暴力活动需要严密的行动，不同的是，权力特别是恐怖暴力袭击决策权是集中在组织的最高层还是基层。

其二，独立领导的基层组织。

当代恐怖组织中，有很多基层单位行使恐怖行动的决策权。恐怖势力的核心领导人或者其上层组织,只是基层恐怖组织的象征性领导,其作用主要是对恐怖活动的战略动员、引导、协调等。直接行动、资源聚合等重大决策由基层单位自行掌握。

这一结构形态,一方面能够最大程度地发挥基层组织的能动性,另一方面最大程度地保障单一组织独立运行,也可以避免整个组织核心层遭到打击时或在其他组织环节其他基层单位遭到打击时给恐怖活动造成重大冲击。但基层独立运行单位分散行动,难以组织大规模的暴力活动如叛乱性的暴力活动,这个独立组织单位一旦遭到打击就可能会被摧毁而再难以恢复。

这类恐怖组织,有的是在原有组织遭到重大打击后在基层组织基础上形成的,如20世纪90年代美国右翼恐怖组织遭到沉重打击后开始实施"无领袖策略"组织结构[①];有的是受到较大恐怖组织的影响而组建的,且多以生活中联系较多的圈子里的人员组成,如2018年5月巴黎恐怖袭击中的恐怖分子是一个以车臣移民为主的团伙;有的是以家庭为单位的恐怖团伙,2018年5月13—15日在印尼连续发生的五起恐怖袭击是由三个家庭团伙实施的,家庭恐怖团伙的头目是被击溃的恐怖组织"神权游击队"的骨干分子,"神权游击队"宣布效忠"伊斯兰国";有的是单一问题的恐怖组织,如以动物保护、环境保护、反堕胎等为名义的恐怖组织,都是独立领导的基层组织。

其三,组织联盟。

最典型的是"基地"与"伊斯兰国"恐怖势力的组织结构,即以某一恐怖组织为核心,聚合了诸多恐怖组织。核心恐怖组织对联盟中其他恐怖组织的领导方式,主要是政治联盟性质的,各个组织保持原有的组织独立性,在各自原有的活动中心活动;相互之间在声势上策应,提供恐怖活动保障的一些支援、支持。

"基地"组织在1998年联合了埃及、巴基斯坦、孟加拉国等地的几个恐怖组织组成了"国际伊斯兰阵线"。这一联盟中的恐怖组织相互之

---

① [美]布丽奇特·L.娜克丝:《反恐原理(第4版)》,金城出版社、社会科学文献出版社2016年版,第226页。

间是组织外合作，共同的政治目标、极端暴力行为是联盟的纽带。到2001年10月之后，"基地"组织在阿富汗的活动中心被清剿，其骨干分子到世界各地组建"分支"。这些分支主要是依托当地恐怖势力的组织基础组建的，如"基地"马格里布分支是2003年9月阿尔及利亚"萨拉夫宣教与战斗组织"以宣布效忠"基地"组织的形式出现的，2006年9月，这两个组织正式结盟。在索马里、尼日利亚、也门等地的其他"基地"组织分支也同样是依托当地恐怖势力。因此，"基地"组织的分支一方面与"基地"核心组织部分有人员交叉，在资金等活动资源上相互支持，但组织行动的重大决策权则在当地组织。"基地"组织核心层对自己的资源有决策权，如对援助资金及其使用的决策权。同时，"基地"组织核心层对各地的"分支"组织在恐怖策略、恐怖袭击方向等重大问题上也可施加影响，如2011年"阿拉伯之春"后，"基地"组织对伊拉克分支、叙利亚分支的活动策略干预就比较多，包括批评"伊斯兰国"领导人对叙利亚的"基地"组织分支力量的打击政策。

"伊斯兰国"在2014年6月突起后，世界各地的恐怖组织纷纷宣布"效忠"，形成了全球范围内的极端势力—恐怖势力的联盟网络，为恐怖活动提供一系列的便利。虽然联盟形态的恐怖组织结构是松散的，但却是恐怖势力在全球扩散的最佳组织结构条件。恐怖势力联盟的形成，往往意味着一波恐怖活动高潮的到来，联盟的形成为恐怖势力的全球猖獗活动提供了组织网络条件。

二、极端主义影响力

恐怖主义的突出特征是极端性，恐怖势力的极端主义指导着恐怖活动的方方面面。极端主义是恐怖组织不可或缺的核心要素，会广泛地转化为恐怖势力的动员能力。恐怖势力的极端主义，一是对其反社会的极端政治目标的描述，二是将极端暴力手段进行合法化的解读。其影响力的辐射范围，包括三个层面。

(一) 对恐怖分子的影响力

极端主义是恐怖分子、恐怖组织的极端信念，指导其进行恐怖活动。极端主义在确定政治目标方向、选择暴力手段以及选择袭击对象群体中，具有核心影响力。

极端主义在恐怖分子及其组织中的影响力是最大的，也影响着恐怖势力的组织运行，包括恐怖组织的结构、运行模式，与其他恐怖组织的关系等。由于极端主义对恐怖分子及其组织的影响，恐怖分子仇视社会，完全背离现代社会价值取向，即恐怖分子及其组织事实上是与现代社会隔离的。

恐怖势力特别注重极端主义对恐怖分子的影响，不断在极端主义层面强化对恐怖分子的控制。一旦极端主义说辞瓦解，恐怖势力可能会很快土崩瓦解。通过各种方式，恐怖势力不断完善其极端主义的说辞。

(二) 对目标社会群体的影响力

恐怖势力在一些社会群体中能够聚合社会资源、招募人员，原因在于恐怖势力的极端主义具有煽动、蛊惑能力。极端主义在这些社会群体影响力的大小决定着恐怖活动的方方面面。一方面恐怖势力利用这些社会群体的某些社会心理传播极端主义，另一方面现代国家、社会在这些社会群体中传播现代社会理念与社会发展过程中出现了某些偏差和薄弱环节，给了极端主义渗透的可乘之机。

这些社会群体是现代社会发展理念与极端主义争夺最为核心的群体。对极端主义在这些群体的影响力进行遏制，不仅其恐怖活动的社会空间会被遏制，且会相应地增强反恐怖的社会力量。一旦这些社会群体力量觉醒而自觉参与反恐怖工作，社会反恐怖力量就会大大增强。

(三) 对当代社会的挑战

极端主义的歪曲性说辞对现代社会重大理念提出了挑战。恐怖势力的极端主义往往在一些重大社会问题上发出声音，通过对社会问题、社会矛盾的歪曲性解读来制造社会思想和意识的混乱。恐怖势力也通过对其暴力袭击等行为的歪曲解读，为其恐怖活动包括暴力袭击寻求合法化的幌子。恐怖势力还通过现代社交媒体扩散其极端主义话语，通过在当代社会中不断重复其极端主义的一些典型话语来干扰社会对恐怖主义本质的认识，给反恐怖主义工作制造障碍，给恐怖活动扩散制造机会。

恐怖主义的挑战显示了当代社会的薄弱环节，突出地表现在一些思想、理念、行为的泛化上。种种泛化行为不断地超越其合理的活动规范、空间，严重侵蚀了社会发展的规范与空间，为极端主义的扩散提供了充足的社会、思想空间，极端主义在其泛化的社会环境中不自觉地膨胀起来。

因此，极端主义虽然依托于某种宗教、世俗的社会—政治思想，但其蛊惑能力不是源于某种宗教、世俗的思想，而是源于社会对极端主义辨别能力、打击能力不足所导致的极端主义影响力的相对扩张。

三、资源聚合力

恐怖势力及其组织必须从社会中聚合影响力资源以支撑其恐怖活动，从社会中输入其组织的能量决定着该组织实施恐怖活动的能量。其从社会中聚合的资源主要包括：资金与物资、人员、活动中心。

（一）在特定社会群体中的聚合能力

在恐怖势力极端主义影响力比较大的社会群体中，恐怖势力聚合资源的能力就比较强。各个恐怖组织大多都具有自己聚合资源的特定社会群体，这些社会群体千差万别，但都受到该组织极端主义的深入影响。恐怖势力影响力强的特定群体，是其聚合资源比较稳定的基础。

这些社会群体，可能在城市与郊区，也可能在偏远地区；可能是较小的一些社会群体，也可能是较大的社会群体；可能是一些社会机构与团体，也可能是一些社区。影响恐怖分子在社会群体中聚合资源的能力，除了取决于其极端主义的影响力外，主要取决于社会群体的一些条件，如数量、范围、所拥有的资源优势等。

（二）在广大社会中的聚合能力

恐怖分子能够在开放的社会中聚合诸多活动资源，即包括各类公开的信息资源，如网络空间，以此传播极端主义进行蛊惑招募等。

恐怖势力在公开的社会空间中获取资源的能力是非常强的，一方面，因为现代社会本身的开放性，恐怖势力能够通过客观渠道获取制造爆炸物的物质包括大规模杀伤性物质，能够利用现代通讯、交通工具进行信息传递与人员流动，能够利用网络进行资源的聚合，包括资金的筹集和人员的招募，能够利用现代金融系统实现资金的筹集和流动。另一方面，恐怖势力中有大批熟悉现代社会公共空间的人员，他们不仅能够熟练地利用现代社会提供的各种公开资源，还能够在社会空间中隐藏自己。

（三）在特定地区的聚合能力

恐怖势力在不同地域的聚合资源的能力、所聚合资源的侧重点有很大不同。恐怖势力及其组织聚合资源的地域，有的是其活动中心地域，其重点是保障活动中心的存在、运行、巩固；有的地域则有对资源类别的侧重，如在大学校园中侧重极端主义传播和人员招募，特别是对技术型人员的招募，在西欧一些族群的聚居区侧重于恐怖组织网络的扩展与对暴力袭击实施人员的招募，在经济发达的地区侧重于资金筹集，在社会环境比较宽松的地区则侧重于聚合恐怖物资，等等。

每个恐怖势力及其组织都有一定的聚合资源的重点区域，除了恐怖势力及其组织核心力量存身的区域外，还有自己重点的聚合资源的地域，每个恐怖组织都是根据自己的情况在相对具有优势的地区聚合资源。

（四）在全球范围的聚合能力

恐怖主义要素的全球流动是当代恐怖主义的主要特点。恐怖势力及其组织在全球范围内活动，从全球范围内聚合资源就是主要的活动之一。"冷战时期我们至少能料到危险将来自哪个方向，而现在却不知何时何地就会遭殃"。[①] 当代恐怖主义组织的全球化网络化、目标设定的随意性和行动的隐蔽性，极大地强化了恐怖主义的组织能量和制造恐怖

---

① 费朗吉·贝尔克斯：《圣战的回声》，法国《费加罗报》1996年11月4日。转引自王逸舟主编：《全球化时代的国际安全》，上海人民出版社1999年，第249页。

事件的能量。

较大的恐怖势力及其组织在全球范围内聚合资源的能力比较强，如"伊斯兰国"势力在全球范围招募人员，交流物资包括倒卖文物、出售石油和大宗物资等，还能够从世界多地获取重型武器。"基地"组织在中东地区、欧美地区都具有聚合资金的能力，也具有在全球收集诸多情报信息的能力。一些本土或者地区性恐怖组织，也具有跨境聚合资源的能力，如"伊斯兰祈祷团"在东南亚地区、"乌伊运"在中亚地区聚合资源的能力都很突出。一些较小的恐怖组织通过全球公开渠道聚合各种资源。

恐怖势力聚合资源的渠道，既有开放的社会公开渠道，也有其秘密的渠道，还有独立的犯罪活动如劫持勒索、抢劫等，也包括与犯罪集团勾结聚合资源。恐怖势力聚合资源的能力，一方面依托于其自身组织网络及其能力，另一方面依托于当代社会的开放性给其提供的巨大可能性。

四、暴力行为能力

恐怖势力及其组织聚合能量是为了输出能量，除了输出极端主义外就是输出极端暴力，包括：直接实施恐怖暴力袭击、制造恐怖氛围的能力；输出恐怖示范效应、推动恐怖浪潮的能力；输出恐怖分子、联络其他恐怖组织、形成恐怖联盟的能力。

恐怖主义直接产生三类严重的破坏：一是人员的重大伤亡；二是经济的巨大损失和导致的经济震荡；三是产生社会对恐怖主义袭击的普遍恐慌感。恐怖主义的巨大破坏性，从侧面显示了国际恐怖主义的组织能量。

（一）实施恐怖袭击、制造恐怖氛围的能力

恐怖势力及其组织将制造暴力袭击作为核心活动，也是其核心能力，这种能力既表现在袭击本身的暴力特征方面，也表现在该恐怖袭击所产生、扩散的恐怖氛围方面。

恐怖袭击的暴力特征包括：袭击的暴力烈度及其造成的伤亡，主要是其暴力袭击造成的人员、财产损失的程度；暴力袭击的频度及其持续性，如是否能够经常性持续地实施袭击；恐怖袭击的实施范围、袭击目标的难度及其影响力的大小，如袭击巴基斯坦乡村警察哨所与袭击纽约双子塔的区别，如在本土某一区域实施袭击与跨境、多国、全球实施袭击的区别；暴力新手段的应用及其影响，某一袭击手段的创新会给恐怖活动带来很大的活力，不仅是网络技术、核生化武器，而且自杀式袭击、飞机冲撞建筑物、汽车冲撞人群等手段也会产生很严重的危害，特别是激活了恐怖势力的暴力手段的选择空间并增加反恐怖工作的难度。2001年"9·11"事件后发生的炭疽病邮件导致5名美国人死亡，另外有20人左右受到感染。[1]

恐怖袭击直接造成重大的人员和财产损失。2001年的"9·11"事件导致3000多人伤亡，2002年10月莫斯科人质事件中有120人死亡，2004年发生在马德里的"3·11"爆炸导致191名民众死亡，2004年9月俄罗斯别斯兰人质事件中仅人质伤亡就达331人。"9·11"事件后美国保险公司安邦集团随即对袭击造成经济损失进行的评估认为，袭击对全球经济造成的损失将高达1万亿美元，其中仅美国资本市场的损失，预计超过1千亿美元。虽然事后证明这一数字有所夸大，但恐怖袭击导致的经济损失的数字肯定是庞大的。

恐怖袭击还会导致经济恐慌。"9·11"事件后美国全国各地的购物中心和餐馆至少停业24小时；高危办公大楼（如芝加哥的西尔斯大楼）疏散了所有人员；航班停飞；证券市场连续四天停止交易。当2003年、2005年"基地"组织宣称对土耳其爆炸事件负责，并再次表示将对日本及美国的其他盟友发动袭击，国际股市大幅度下跌。

借助袭击扩散恐怖氛围是恐怖势力及其组织的重要图谋。扩散恐怖氛围的目标包括：在社会制造对恐怖袭击的恐慌、扩大恐怖活动的

---

[1] 任何不详来源的信件都会成为人们怀疑的目标。当时甚至引起商店关门、邮局停业，连美国国会也都中断了正常运作。人们由于紧张和担忧而对炭疽菌研究的高度重视，几乎每个星期科技类报纸上有关细菌的报道都被转载在主要的科技周刊上。参考中国日报网站，2002年11月20日，http://news.sina.com.cn/w/2002-11-20/14452266s.html。

声势；以暴力扩散极端主义影响，在社会层面制造对极端主义、恐怖主义的认识混乱；通过严厉打击、回应举措而产生一定的社会紧张情绪、氛围；通过大规模暴力袭击激化社会矛盾，加深社会动乱与动荡。如2011年后恐怖势力在利比亚、也门、叙利亚等地参与各种暴力活动。

（二）形成示范—传递效应、推动恐怖浪潮的能力

恐怖势力及其组织实施的暴力袭击，会对其他恐怖势力及其组织产生示范效应，或者紧随其暴力袭击行动而形成暴力袭击联动效应，如2015年以来西欧各国连续发生的恐怖袭击；或者模仿其暴力袭击方式推动恐怖暴力袭击的演变，如自杀式恐怖袭击方式被世界各地恐怖分子模仿，而汽车冲撞袭击助推了当前全球恐怖分子回流的气焰；或者通过重大恐怖袭击刺激恐怖势力及其组织的嚣张气焰而带动新一轮恐怖活动浪潮，如"9·11"袭击后出现了一波全球范围的恐怖袭击浪潮；或者以大规模武装活动能力激励恐怖势力及其组织，如"伊斯兰国"以其在叙利亚、伊拉克等地的大规模武装活动做动员在全球招募成员，吸引众多恐怖势力效忠。

恐怖暴力活动的示范—传递能力具有叠加性、交叉性和记忆性。恐怖袭击的得逞、连环性恐怖袭击等会增加其示范—传递效应。如巴厘岛在2002年、2005年连续发生恐怖袭击，2017年10—12月纽约连续发生恐怖袭击。不同的恐怖袭击会相互传递示范效应，众多恐怖势力及其组织的袭击会推动各恐怖组织竞相加大暴力活动以提升组织自身的影响力，如"基地"组织与"伊斯兰国"在伊拉克、叙利亚等地就存在以极大暴恐袭击相互竞争的现象。一次重大的恐怖袭击、某种突出的暴力活动模式，会转化为持久的示范效应，激励恐怖势力恐怖分子极端暴力及狂妄政治目标，2011年以来恐怖势力多地的暴力"建国"活动成为恐怖势力的持续"范例"，恐怖势力也往往以历史上的某种暴力作为动员宣传案例。

（三）推动、促进恐怖联盟的能力

恐怖势力及其组织，通过暴力袭击、通过全球恐怖网络的扩展、通

过恐怖活动影响力的积累，输出恐怖分子、联络其他恐怖组织，推动形成地区性、全球性恐怖势力（组织）联盟，联盟的形成及其范围，代表着恐怖势力（组织）的辐射影响范围、能力，包括恐怖势力之间相互竞争的能力。

恐怖势力组织或者通过培训其他组织、其他地区的恐怖分子来加强与其他恐怖势力（组织）间的联系。全球性的恐怖势力"基地""伊斯兰国"都向其他组织培训、输送恐怖分子骨干，地区性的恐怖组织如"伊斯兰祈祷团""乌伊运"都为地区其他恐怖组织培训人员，地区内恐怖组织之间的人员往往有交叉，一个恐怖分子骨干可能是几个恐怖组织的成员，全球性恐怖组织与地区恐怖组织之间的人员交叉，也非常突出，"伊斯兰国"一直向全球输出恐怖分子，其回流分子往往组成多国成员的团伙。

较大的恐怖组织往往提供某种形式的组织平台促进全球恐怖势力的联系、联盟。"基地"组织在2001年9月前通过加盟方式强化了与中亚、东南亚等恐怖组织的联系，为这些组织提供建设支持。2001年10月后，"基地"又以接受"效忠"、组建"分支"等形式与各地恐怖势力建立组织联系。"伊斯兰国"得到全球一系列恐怖组织的"效忠"，同时通过回流人员在各地直接建立活动中心。印尼的恐怖组织有很多交叉联系，特别是众多较小恐怖组织与"伊斯兰祈祷团"有联系。

第二节 组织能量的三个节点及恐怖活动态势

恐怖势力的组织能量有三个主要节点。第一个节点是向恐怖组织的转化，或者恐怖势力的瓦解；第二个节点是恐怖势力向大规模极端暴力组织转化；第三个节点是恐怖势力的合法化。

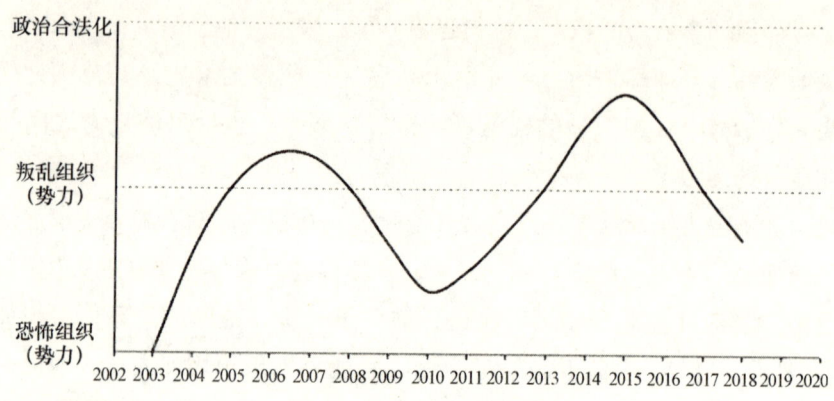

组织能量的三个节点

一、第一个组织能量节点——恐怖组织的形成

这一节点是泛化、极端化的阶段。

首先,这是恐怖势力组织化形成的节点。在这一节点之前,该势力已经聚合了相当的力量,或者是泛化势力的力量,或者是极端势力,但还没有正式走向暴恐化。恐怖活动特别是暴恐袭击还没有成为该势力(组织)的主要活动。在这一节点前,恐怖势力(组织)的前组织往往处于合法化状态,借助于某些环境而能够聚合巨大的能量,其政治目标与野心不断膨胀。在一定条件下,突破这一能量节点走向暴恐化。1881年前后,埃及绝大部分的恐怖组织都经历了这一节点的突破,导致恐怖势力的激增最后刺杀了总统萨达特,出现了一波恐怖主义浪潮。

其次,伴随着这一节点的突破,恐怖势力组织能量积累、聚合成一股凶猛的力量,往往能够掀起一波恐怖袭击浪潮。1998年4月,"基地"组织纠合了一些恐怖势力组成国际恐怖组织联盟,采取国际恐怖主义策略。在1998年8月7日,"基地"分子在坦桑尼亚首都、肯尼亚首都的美国大使馆实施了汽车炸弹袭击,导致224人遇难、4500多人受伤;2001年该组织实施了恐怖主义历史上标识性事件——"9·11"袭击,世界恐怖主义活动进入一个新阶段。

再次，恐怖势力组织能量突破第一节点的条件，包括两个重要方面。一方面，该势力在适宜的社会环境中能够公开地、合法地、大规模地聚合力量，并经过一段时期的合法化活动，其聚合力量能够支持其恐怖主义活动；另一方面，该势力的政治目标极度膨胀，在合法的活动范围内其野心无法满足，或者国家与国际社会已经觉察到了该势力的极端主义倾向，开始有意地限制其力量的扩张。这时，在两个条件的合力下，极端势力向恐怖势力（组织）突破。

二、第二个组织能量节点——恐怖势力向叛乱势力（组织）转化

在进入第二节点前，是恐怖势力暴力活动能量最强的阶段，某种程度"接近"于实现其极端主义的终极政治目标，也是大规模武装暴力与恐怖袭击暴力并用的极端。

（一）组织能量的两个层面的突破

突破第一个节点后，恐怖组织一边进行恐怖活动、一边进行聚合组织能量，一旦其聚合的组织能量突破到第二节点，恐怖势力就取得了在组织能量上的重大突破，这表现在以下两个方面：在暴力形式层面，该恐怖组织具备了发动大规模武装攻势的能力，开始采取武装进攻、对峙、袭击等暴力形式；在组织形式层面，该势力突破第二节点后往往公开占据一定的地域、实施极端主义的社会控制。

恐怖暴力是秘密组织和实施的，常常表现为实施过程的极端秘密和行为结果的极度张扬。[1] "公开使用暴力的通常是大规模的武装部队，这是常规战争与特别行动、恐怖主义的一大区别"。[2] 在实现这两个方面的突破后，恐怖势力的极端主义进一步膨胀，恐怖势力—极端势力虽然并用恐怖暴力袭击与大规模武装攻势，但大规模武装活动成为其主要的暴力形式，而在政治目标上，恐怖势力不仅现实地在一些地域

---

[1] 金虎：《技术对国际政治的影响》，东北大学出版社2004年版，第158页。
[2] 【美】约翰·罗尔克编著，宋伟等译：《世界舞台上的国际政治》，北京大学出版社2005年版，第428页。

实现了其极端理念,其政治野心还进一步极端、膨胀,如"伊斯兰国"在2014年6月宣布其"国家版图"时规划了横跨亚非欧的巨大面积。

(二)恐怖势力的实力激增

在第一节点与第二节点之间,恐怖组织有多种类型,其能量有诸多差别。但一旦恐怖势力突破第一能量节点,就非常难于清除,恐怖组织的存在能力很强,很多组织被击溃后具有很强的潜伏、再生能力。较小的恐怖组织遭到打击后其组织形态会被破坏,但其成员可能有的会逃脱打击而再次实施恐怖袭击。较大的恐怖组织,遭到沉重打击后,经过一段时间的恢复,会再次恢复组织系统,如"乌伊运"被击溃后一些骨干分子到阿富汗一些地区存身、聚合力量,并配合国际恐怖分子开始新的恐怖活动;2005年起伊拉克的恐怖势力获得了实施叛乱的组织能量,到2008年又跌落到该能量节点以下;2008年被挫败后,伊拉克恐怖势力的组织能量跌落到第二节点之下,但其组织特点推动该势力能够从多方面聚合组织能量,再次突破组织能量第二节点、再次发动叛乱;2013年伊拉克恐怖势力再次获得实施叛乱的组织能量。国际重大恐怖组织遭到重大打击后特别是突破第二能量节点遭到打击后,往往会掀起新的暴恐袭击浪潮,如2001年10月"基地"组织遭打击后在国际社会掀起的一波恐怖袭击浪潮,2015年以来"伊斯兰国"在伊拉克、叙利亚遭到重大打击后强化了在全球范围内实施恐怖袭击。

恐怖势力的组织能量及其形态,是动态变化的而非简单、静态的,第一与第二能量节点区域内,是观察恐怖活动最主要的区域。

三、第三个组织能量节点——恐怖势力走向政治合法化

在这一能量节点,恐怖势力或者通过政治参与途径进行合法化的政治活动,或者叛乱活动成功而事实上控制了政权。反恐怖工作,从恐怖势力组织能量角度考虑,或者是将恐怖势力组织能量遏制、打击,回到

第一节点之下，或者是超越第三节点而参与合法政治活动。中东恐怖组织"伊尔贡"在遭到严厉打击后被迫放弃恐怖暴力，转为公开的政党进行活动；哈马斯在大选中获胜后，巴勒斯坦一些从事恐怖活动的组织积极寻求合法的政治参与渠道、方式。

当代国际恐怖组织的规模总体比较大，成员与外围成员比较多且分布广泛，甚至形成庞大的区域和全球组织网，因而能够掀起当前的国际恐怖主义潮。恐怖组织往往在核心组织外组织了一些外围组织，以有利于恐怖组织积聚恐怖能量。为了增强恐怖活动能力，当代恐怖组织还与有组织的地下经济犯罪集团如毒品集团、走私集团等组织合作。由于组织化的活动，当代国际恐怖组织的经济实力和工具水平都比较好。

恐怖行为主义试图以恐怖暴力为主要斗争手段达到自己的政治目的，但正是由组织能量决定的恐怖暴力否定着恐怖组织政治目标的实现：恐怖势力及其组织或者在与社会的暴力对抗中毁灭，或者放弃恐怖暴力而向社会秩序认可的政治参与方式转化。当一个政治组织和团体获得权力或合法性后，采用恐怖主义手段的可能性就趋减了。[1]

打击恐怖主义的组织，消除恐怖主义的组织化能量，正是反恐怖斗争的重要目标。同时，恐怖主义的组织化特征，也表明恐怖主义不是不可捉摸的，而是可以进行直接的针对其组织的打击。

四、从组织能量角度思考对恐怖主义的"否定"

而在第三节点上，一旦出现恐怖势力通过自身能量的膨胀采取大规模武装活动特别是叛乱活动而事实上控制了国家政权、或者一些地域的实际控制权的情况，反恐怖工作则可以说是严重的失败。认清恐怖暴力的本质有助于遏制、消除恐怖势力的"组织能量"。

---

[1] Joshua S. Goldstein, *International Relations* (sixth edition), Beijing: Peking University Press, 2005, p. 204.

（一）恐怖暴力本身暴露了其致命的"虚弱"

恐怖政治暴力更表现在对暴力使用的不加限制，无限暴力成为恐怖主义的暴力特征。[1] "很多恐怖分子正是通过他们的暴力活动弥补力量的不足。如果他们叫喊跺脚没人会理会他们；但若劫持飞机并绑架人质，几分钟整个世界都会注目他们，他们就进入聚焦灯"。[2]

采取秘密、极端暴力形式，表面上看是为了寻求恐怖主义的最大破坏和震慑性效应。实质原因则是缺乏群众基础，特别是社会力量有限，即恐怖主义组织的力量有限。恐怖主义"第三个特征是其中的大多数组织往往规模很小"。[3] 其逻辑是由于将民众作为袭击目标而导致"恐怖组织太小太弱而无法取得对抗政府的确实效果"。[4]

由于无法赢得民众而放弃了合法性、群众性的斗争方式，恐怖主义将自己的能量最大化地用于恐怖暴力；由于恐怖组织参与极端暴力，又进一步将自己置于民众的对立面，并"向国家提出公共威胁最终扰乱公共秩序"，[5] 并以可能的生化武器、核武器的袭击令国际社会十分担忧。[6] 虽然因这种暴力的无限性使社会感到恐怖，但恐怖主义的极端方式事实上是在以自己微小的力量攻击强大的社会政治秩序。在社会秩序面前，作为破坏力量的恐怖主义总是显得很活跃但实际很弱小。

---

[1] 王伟光：《暴力分析与恐怖主义界定》，载《国际政治研究》2005 年第 2 期，第 134 页。

[2] P. N. Khanduri, "Terrorism", in M. A., Ph. D., *Encyclopedia of International Terrorism*, New Delhi: DEEP & DEEP PUBLICATIONS PVT. LTD. 2002, p. 51.

[3] 【法】戈里（U. Gori）：《一种新的暴力形式：国际恐怖主义》，载沈国明、朱敏彦主编：《国外社会科学前沿（1997）》，上海社会科学院出版社 1998 年版，第 433 页。

[4] Sudhir Hindwan, "International Terrorism", in M. A., Ph. D., *Encyclopedia of International Terrorism*, New Delhi: DEEP & DEEP PUBLICATIONS PVT. LTD. 2002, p. 72.

[5] Mamdooh Abdelhameed Abdelmattlep, "Antiterrorism Strategy in the Arab Gulf States", in Dilip K. Das and Peter C. Kratcoski, *Meeting the Challenges oh Global Terrorism: Prevention, Control, and Recovery*, Maryland: Lexington Books, 2003, p. 213.

[6] Jessica Stern, *The Ultimate Terrorists*, Massachusetts and England: Harvard University Press, 1999, p. 30.

（二）恐怖暴力本身是反社会的

"无论恐怖分子支持何种事业，他称得上这一术语的原因是他的残暴"①。车臣恐怖分子疯狂的恐怖活动不仅促使俄罗斯政府强力反恐怖行动，也使俄罗斯民众清醒地认识到恐怖主义的危害。在政府和民众的反击下，车臣恐怖组织和恐怖分子不断走向毁灭。在阿尔及利亚，仅1992—1997年的五年间，在宗教恐怖分子的袭击中遇难的就达7万多人。既然恐怖主义的受害者绝大多数是普通民众，那么，恐怖主义必将引起民众的普遍反对，必将把民众推向自己的反面，也失去了聚合组织能量的根本基础；任何一种政治思潮都需要争取大多数民众才能够获得政治生命。

（三）恐怖势力的组织能量决定着其行为方式

恐怖势力的组织能量，决定了其暴力烈度的次暴力性（从暴力烈度来理解，次暴力对应的是强暴力概念，如战争等）。到1945年，1/3的犹太人死于纳粹的屠刀。希特勒所掌控的力量使他犯下的是战争罪而非恐怖主义罪。今天的国际社会中可以用战争、侵略方式和霸权方式进行暴力活动的行为体，也是不屑进行恐怖主义的。国家机器可以动员众多的民众的支持而获得巨大暴力能量。"与由民族国家制造的伤亡和破坏相比，多数恐怖行动是小规模的。即使是'9·11'事件，也比对广岛的轰炸造成的伤亡要少得多。……纳粹为报复游击队的行动而对平民人质的杀戮，或者日本帝国主义军队的南京大屠杀（更非恐怖主义可比）"②。即使恐怖主义采用金融、电子手段进行恐怖主义活动，但与东南亚金融危机的作俑者——西方投机者的行为结果相比，恐怖分子的金融手段也逊色多了。

当国家以其身份公开在国际社会非法使用武力时，国际社会感到不是"恐怖"，而是"侵略"；当国家在国内实行残暴统治时，这种国家暴力叫作暴政（或恐怖政治）；当国家不以其公开合法身份而秘密非法

---

① G. M. C. Balayogi, Terrorism is a Scourge for Civilization. In M. A., Ph. D., *Encyclopedia of International Terrorism*, New Delhi: DEEP & DEEP PUBLICATIONS PVT. LTD. 2002, p. 5.

② 【法】P. 麦斯纳德·门德兹：《甄别"恐怖主义"：词语和行动》，于海青摘译，载《国外社会科学》2003年第6期，第20页。

地实施暗杀等暴力时,行为者使用的不是国家身份,而是沦为非法的秘密组织。

正规军队和游击队都不是恐怖行为体,因为作为战争力量(主体)的军队和游击队都具有公开合法的社会身份,都得到较大数量的民众的支持。战争主要针对的是军事目标,非军事(平民)目标是从属的。若战争的行为主体以非军事目标作为主要对象,有战争罪、反人类罪、种族屠杀罪等相应概念来表达其罪行。

个人(没有组织依托)很少成为恐怖主义的行为主体。恐怖主义活动(资金、策划、实施)需要很高的组织条件。近年来,"独狼式"恐怖袭击越来越多,如"校园航空杀手"西奥多·卡钦斯基[①]。

(四) 揭露其本质是打击恐怖势力组织能量的有效路径

揭露恐怖组织的非法性,剥离其为民众"代言"的虚伪性,就能够有效遏制恐怖势力的组织能量。定义恐怖主义,与暴力的能量及其合法性有着密切的关系。[②] 恐怖主义的行为主体是秘密非法组织,[③] 国际社会普遍认为国家不是恐怖主义行为主体,[④] 其身份特征是:恐怖组织不为社会秩序所接纳;恐怖组织不敢见示于社会。决定这一身份特征的是恐怖主义组织在民众中的力量不足,无法以领导群众性合法运动而获取合法社会身份。持续揭露其本质,久而久之则会让民众国家清醒认识恐怖势力的本质。

揭露其以恐怖暴力制造恐怖氛围的本质。恐怖主义暴力的极端方式本身就是一种信号。"如果人们以暴力的破坏来定义恐怖主义,……那

---

① 从1978年到1996年的18年间,美国的卡钦斯基以邮包炸弹的方式制造一系列爆炸事件,导致3人死,23人伤。他有目的地制造爆炸事件的原因是他憎恨高科技社会。

② Onwudiwe, Ihekwoaba D., *The Globalization of Terrorism*, England: Ashgate Publishing Company, 2001, p. 37.

③ 在当前国际社会对恐怖主义的认定中,恐怖主义的行为者属于非国家行为者。谨慎的学者也如此,虽然出发点不同。参见【美】西奥多·A. 哥伦比斯、杰姆斯·H. 沃尔夫著,白希译:《权力与正义》,华夏出版社1990年版,第480—481页。

④ 事实上,国际社会近年来在反击恐怖主义问题上的进步正是在这一基础上达成的。参见【美】詹姆斯·多尔蒂等著,阎学通、陈寒溪等译:《争论中的国际关系理论(第五版)》,世界知识出版社2003年版,第418—419页。

么行为本身就是恐怖主义"。① 恐怖主义试图通过任意的恐怖暴力、屠杀无辜、散布恐慌，从而造成政治的、社会的和经济的混乱。这是吸引社会关注的所在，这是吸引社会关注的关键，也是吸引恐怖分子的所在。当民众认识到这一问题后，就会增加参与反恐怖工作的自觉性。

---

① Bruce Hoffman, *Inside Terrorism*, New York: Columbia University Press, 1998, p. 31.

第二章
恐怖主义问题

如何定义恐怖主义影响着如何回应恐怖主义。[①] 对恐怖主义、恐怖主义问题的认识，导致了三种反恐怖模式：一是法律秩序模式；二是紧急状态模式；三是战争模式。事实上，这三种模式是兼容的，恐怖主义问题的本质需要这三种模式共同应对。

第一节 恐怖主义极端性的两个方面

"定义国际恐怖主义的障碍由不同的视角、国际价值、思想意识和社会体系混合而成"，[②] 但当代世界基本认同恐怖主义包括"主张"与"行为"两个方面。[③] "主张"，主要指的是恐怖势力及其组织的极端主义传播、蛊惑等活动；"行为"，主要指的是招募、聚合资源、暴恐袭

[①] Jessica Stern, *The Ultimate Terrorists*, Massachusetts and England: Harvard University Press, 1999, p. 12.

[②] Road Mushkat, "'Technical' Impediments on the Way to a Universal Definition of International Terrorism", in M. A., Ph. D., *Encyclopedia of International Terrorism*, New Delhi: DEEP & DEEP PUBLICATIONS PVT. LTD. 2002, p. 33.

[③] 第三条 "恐怖主义，是指通过暴力、破坏、恐吓等手段，制造社会恐慌、危害公共安全、侵犯人身财产，或者胁迫国家机关、国际组织，以实现其政治、意识形态等目的的主张和行为"。《中华人民共和国反恐怖主义法（主席令第三十六号）》（2015 年 12 月 27 日第十二届全国人民代表大会常务委员会第十八次会议通过），中央政府门户网站，2015 年 12 月 28 日，http://www.gov.cn/zhengce/2015-12/28/content_5029899.htm。

击等，其中最突出的是暴恐袭击。恐怖主义的极端性从这两方面体现并挑战社会。

一、极端主义的传播及挑战

恐怖主义定义在当今有被无限扩大的趋势。但其价值判断特别是道德评价性一直没变，"意味着宣称其属于政治暴力的，是非法的"。[1] 而恐怖势力及其组织也通过极端主义传播表达其价值评判，传播极端主义本身，成为恐怖主义的重大目标。

（一）针对特定社会群体传播极端主义

恐怖势力及其组织针对其势力影响最突出的社会群体不断宣扬极端主义。通过不断宣扬、灌输极端主义，恐怖势力及其组织对这一社会群体产生了极大、多重的危害：

一是，利用极端主义更深地影响、控制该社会群体，让这一社会群体的民众与现代社会的观念、思想渐行渐远，从社会心理、社会交往一系列方面与广大社会民众渐渐疏远；进而从疏离社会走向反社会。

这样的社会群体数量、民众的数量越多、越大，就显示极端主义的影响力扩张越严重。极端主义对这些社会群体的控制，一方面让社会失去了大批的劳动者、创造者；另一方面又在社会中增加了同等数量的叛离者、破坏者，给恐怖势力及其组织增添了巨大的聚合恐怖活动资源的社会基础。

二是，一旦恐怖势力及其组织利用极端主义控制了相关社会群体，其控制程度会非常严重。恐怖势力及其组织通常利用特定社会群体的亚文化心理宣扬其极端主义，这种方法往往非常奏效，特别是在社会与政府忽略对相关社会群体社会观念、思想意识引导的情况下，恐怖主义借助亚文化心理的说辞就会对该群体民众更具有煽动、蛊惑力。极端主义的影响一旦深入，亚文化心理就会融入亚文化之中逐渐成为其社会心

---

[1] 【英】苏珊·L. 卡拉瑟斯：《西方传媒与战争》，新华出版社2002年版，第188—189页。

理、思维、意识的组成部分，会十分顽固地存在、衍生；反恐怖工作的去极端化的最大难点就在这里。

三是，极端主义的延续意味着恐怖势力的延续。极端主义在特定社会群体中存在、固化、衍生，不仅会给恐怖势力及其组织活动提供各方面的资源，也会在恐怖势力及其组织遭到重大打击后在该社会群体中潜藏下来并伺机东山再起，还会激发一些新的恐怖组织生成、或者诱发一些"独狼"恐怖分子。一波波恐怖活动浪潮的再起，一个重要的因素就是极端主义的影响。

（二）针对社会大众传播极端主义推动泛化意识扩散

恐怖势力及其组织在广大的社会范围内也传播极端主义，突出的是为其恐怖活动进行辩护，在社会制造思想混乱，寻找扩大其聚合恐怖活动资源的社会空间。

一是，会产生对恐怖主义、恐怖活动认识的混乱。恐怖势力及其组织在广大社会中不断反复地传播其极端主义，会严重干扰民众对恐怖主义的认识，既会产生一些对恐怖主义的模糊认识，也可能产生某些错误认识。采用极端的政治暴力手段是民众认同的社会秩序规范所不允许的，而恐怖主义恰恰是以极端暴力行为代替合法的政治活动。民众可能因而漠视恐怖主义威胁及其活动，甚至默认、支持恐怖主义的一些活动，对反恐怖工作的参与自然持消极态度。

二是，以极端主义传播带动泛化意识的泛滥。随着恐怖势力及其组织极端主义在社会多层面的传播，宗教泛化、族群意识泛化为主要内容的泛化意识大面积涌现，为极端主义扩散提供便利，严重侵蚀现代社会与国家认同。所谓大面积既包括社会群体地域的扩大，也包括社会问题领域的扩大，如恐怖势力以宗教极端主义解读，将一切包括社会发展进步的成果都归功于宗教，而抹杀社会、政府、个人的努力。恐怖主义的生成路径，往往从泛化到极端化，再到暴恐化。埃及萨达特时期的宗教泛化迅猛地推动了极端主义，导致恐怖组织丛生并使总统遇害。

三是，假借民众的代言人。恐怖组织往往以民众苦难的名义实施恐怖行动，社会秩序力量则以民众名义对恐怖主义谴责。当民众无法顺畅表达政治意愿时，恐怖主义肆虐的空间就加大。当广大群众的消极情绪和恐怖分子的不满交汇时，恐怖主义就很容易发生。①

（三）针对政府的极端主义攻击

国家与政府是恐怖势力及其组织攻击的主要目标，打击国家与政府的威信、瓦解国家与政府的指导思想，既是恐怖势力及其组织反社会、颠覆社会的直接目标，也是宣扬其极端主义的需要。只要国家与政府所秉持的社会发展思想深入人心，恐怖势力的极端主义就难以在社会空间立足。

一是，反对国家秩序颠覆国家认同与权威。当代恐怖势力宣扬颠覆国家，其暴恐袭击的终极目标是反政府的，且其极端主义终极目标中大都有其阶段政权建设理念，其直接暴恐目标是试图给政府制造安全压力与跨境。其极端主义宣传则大力诋毁现代国家治理规范，以各种歪理邪说反对现存国家秩序与权威，最终以其极端主义设定的"国家"认同取代当代国家认同。此外，恐怖势力还需要通过否定国家秩序与权威来为其暴恐活动提供理由。

二是，反对社会规范与秩序颠覆现代社会发展理念。恐怖势力及其组织宣扬的极端主义，会对社会生活的方方面面进行极端主义解读，包括：限制民众的衣食住行，通过生活细节灌输极端主义，限制民众的社会交往范围刻意将民众的社会活动限制在狭小的圈子，限制民众广泛、深入地参与社会发展，阻滞民众全面掌握现代社会发展的能力，限制民众的社会创造力。极端主义在社会层面的宣传核心是逆现代社会方向，其极端之处既在于反对社会发展的现代理念以张扬其极端主义理念，也在于通过社会活动的限制来控制、影响民众以便于其聚合恐怖活动资源。

三是，在社会重大问题上搬弄是非、混淆视听制造社会混乱。在社会发展、社会与政治动荡的重大问题上，恐怖势力及其组织总是通过其极端主义解读，或者将问题归因于国家政府、现代社会，或者激化矛盾

---

① 【美】M. 克伦肖著，子华译：《恐怖主义的起因》，载《当代西方思潮》，社会科学文献出版社 1988 年版，第 252—253 页。

浑水摸鱼，或者颠倒是非诱骗民众。在西亚北非，阿以冲突、"阿拉伯之春"等都成为极端主义蛊惑宣传的话题。"恐怖主义还从正反两方面影响公众的态度，目的是既引起潜在的支持者的同情，也在被认作'敌人'的人们之间引起恐惧和敌意。……社会舆论的分化可以削弱政府的力量（和增强恐怖主义的政治力量）"。① 此外，社会发展迟滞的一些重大议题也会成为极端主义宣传的由头而借题发挥。

（四）极端主义传播的目标及其渠道

当代恐怖势力及其组织的极端主义，其核心是颠覆现代社会发展理念、颠覆国家与政府权威，因为这与其极端主义的基本价值观是根本冲突的；只有在思想意识上颠覆现代社会发展理念和国家与政府权威，极端主义才能够冲击现代社会秩序、撕裂社会而获得生存空间。极端主义的宣传，也是恐怖势力及其组织筹集恐怖活动资源的需要。通过极端主义蛊惑而影响大批民众或者群体，恐怖势力才能够从中聚合资源。

极端主义传播是与暴力袭击相互配合的。极端主义为恐怖暴力袭击辩解、对恐怖袭击行为大肆宣传；而暴力恐怖袭击也是一种"暴力宣传"，既扩散恐怖氛围，又通过暴力传播其极端主义信息。恐怖主义通过恐怖事件的轰动效应来引起社会对其提出问题的关注，并以此吸引民众和宣传自己。② 恐怖暴力，是宣传性的暴力；恐怖暴力手段，是暴力性的宣传。③ 当代国际恐怖主义的暴力宣传，越来越成为暴力宣扬。恐怖主义在将暴力极大化的袭击爆炸中以对平民的滥杀达到最大的新闻宣传效果。

恐怖势力及其组织能够多渠道传播极端主义，有自己的秘密渠道，如地下宣传与培训场所、自行编制的印刷宣传品、自媒体等；也借助大众媒体传播，很多恐怖组织具有熟练的引导大众媒体传播恐怖

---

① 【美】M. 克伦肖著，子华译：《恐怖主义的起因》，载《当代西方思潮》，社会科学文献出版社1988年版，第254—255页。
② 【美】卡尔·多伊奇著，周启朋等译，吴宝璐、杜仲瀛校：《国际关系分析》，世界知识出版社1992年版，第246—247页。
③ 胡联合：《关于恐怖主义问题的西方传媒因素研究》，载《社会科学战线》2004年第6期，第95页。

氛围进而助长其极端主义传播的策略,也有很多大众媒体不自觉地帮助恐怖势力传播了极端主义;恐怖势力还能够借助公开的社会场所,如宗教场所、人群密集场所传播其极端主义,恐怖势力捕捉到了这些社会场所的漏洞。

二、极端暴力袭击及其持续膨胀

暴恐袭击在恐怖活动中最突出的表现是危害范围广,并呈现不断膨胀的趋势。

(一)暴恐袭击目标的泛化与膨胀

暴力恐怖活动的目的不仅造成重大平民伤亡,严重扰乱社会正常的生活秩序,还在于引发社会特别是政府的过度反应,产生更大的社会恐慌和恐怖效应。[1] 不断扩大的暴恐袭击反映了其不断膨胀的政治野心。

其一,恐怖袭击的性质是政治暴力。当代恐怖暴力袭击的目标大致分为三类:一是反现代社会及其理念,如反社会进步、反工业化、生态恐怖主义等。二是袭击国家或国家政府目标,如埃及的极端组织、阿尔及利亚的极端组织等。三是直接袭击普通民众和民用设施。暴恐袭击的目标不仅针对人,还针对物特别是针对民用"软目标"的袭击越来越多,[2] 如建筑物、地铁、商店等公共场所、民航客机、港口、海上船只与设施面临的恐怖袭击威胁也越来越大。2008 年北京奥运会、2010 年上海世博会、2010 年南非足球世界杯、2010 年印度"英联邦运动会"

---

[1] Kurt M. Campbell and Richard Weitz, *Non-Military Strategies for Countering Islamist Terrorism: Lessons Learned From Past Counterinsurgencies*, The Princeton Project Papers, The Woodrow Wilson School of Public and International Affairs, Princeton University, 2006, p. 8.

[2] 20 世纪 90 年代以来的恐怖袭击进行目标分类,可以分为四大类目标:首先是无防护的平民目标,包括商业区、广场、交通工具、旅游胜地、剧院等处的人群和建筑物都面临越来越严重的威胁,同时,大众食品、保健品和日用品也面临恐怖主义下毒的威胁。以平民目标为主要攻击对象是全球化信息时代恐怖主义不同于传统恐怖主义的重要标志。第二类是针对缺乏防护的政府目标,包括政治领导人、外交使领馆及驻外人员及建筑物等目标,都是恐怖主义的重点打击对象。第三类是攻击防护力不强的经济基础设施,包括信息网络、水源、电力系统、能源基地及输送管道,这类攻击虽然不是致命性的,但具有大范围的破坏力。最后是袭击民用核设施。

等重大国际活动成为当时一些恐怖组织的袭击焦点。① 不仅针对一个政治目标，还针对泛化的诸多政治目标，可以说，恐怖袭击的目标极其泛化，且不断扩展。政治目标的泛化是当代恐怖主义反动本质的最突出体现。

其二，暴力袭击平民成为恐怖势力的政治手段与工具。暴恐袭击最突出的目标是平民，恐怖主义越来越将袭击平民作为暴力目的而非施加压力的手段，恐怖势力企图以大规模屠杀平民来向政府施加压力，或以此打击政府威信，破坏其国际形象。"基地"组织认为民选的政府在对外政策和战争中得到民众的支持，因此民众就不再是无辜的，民众也就成为攻击的"合法目标"②。恐怖势力也通过威胁民众、打击政府来宣传其反社会反现代的极端主义理念。恐怖主义的逻辑是毁灭的逻辑，以一切可能的方式制造一切可能的毁灭，要毁灭社会和普通民众，也要毁灭被利用实施恐怖袭击的自杀袭击者。这是对全球化进步的一个挑战，似乎将传统带入丛林国家状态。③

（二）对平民的双重伤害

当代恐怖分子从不将平民作为争取、保护的对象而是作为其侵害的对象，当代恐怖主义将恐怖袭击既作为手段也作为目的，"既要更多的人死，也要更多的人看"。④ 恐怖分子认为袭击平民可以在社会制造强烈的恐怖气氛，给政府造成巨大压力。民粹派、爱尔兰共和军、"埃塔"、20世纪60年代以来的左翼恐怖组织，在发动恐怖袭击时对平民目标较为克制，直接暴力袭击目标主要指向政府和政要，尽可能地制造恐怖暴力，最大限度地制造恐怖气氛，向整个社会施加压力。20世纪六七十年代的劫机浪潮，也以武装宣传为主而非制造机毁人亡事

---

① 《防范"东突"恐怖袭击奥运安保核心》，载《德国之声》2008年3月13日。转引自星岛环球网，http://www.stnn.cc：82/ed_china/200803/t20080313_746480.html。

② Quintan Wiktorowicz and John Kaltner, "Killing in the Name of Islam: Al-Qaeda's Justification for September 11", in *Middle East Policy*, vol. x, no. 2, Summer 2003, p. 88.

③ Ulrich Beck, *The Terrorist Threat: World Risk Society Revisited*, Theory Culture Society 2002, 19; 39 p. 47.

④ 郑宝明：《国际恐怖主义活动的新特点及反恐怖对策》，载《理论学刊》2002年第1期，第77页。

件。当代恐怖袭击目标则越来越直接指向平民。"9·11"事件、别斯兰人质事件、马德里"3·11"案和伦敦地铁爆炸案,以及遍及世界各地的自杀式爆炸,都明显地突出了当代国际恐怖主义暴力袭击目标的平民性。

任何形式的恐怖主义总是具有一个共同的本性,即对无辜者滥施暴力,[1] 将袭击平民目标作为工具。[2] 因此恐怖主义异化于人的正常社会生活秩序的基本要求。[3] 当恐怖主义以普通民众作为恐怖袭击目标,就背离了政治合法性的基础。恐怖主义非法杀害、伤害人的生命,剥夺人的最基本权利,以恐怖暴力和恐怖气氛破坏人们的社会生活基本秩序,即为典型的异化现象。当代恐怖组织开始寻求任何可能的袭击机会、袭击任何能够袭击的目标,不论这些目标是重大的还是一般的,无论会不会伤及平民。事实上,以宗教为旗帜的恐怖主义活动的最大受害者仍然是穆斯林,[4] 因此,埃及的恐怖分子的"暴力斗争已经异化于民众的大多数"。[5]

除了在暴恐袭击中遭到的伤害外,恐怖活动中绝大多数实施暴力袭击特别是自杀式袭击的成员,都是受到恐怖组织煽动、蛊惑的平民,这些成为恐怖分子的平民,是恐怖主义活动特别是其暴力活动对平民的第二重伤害。恐怖暴力不仅指向了社会生活中的平民,还指向了那些被蒙骗吸收、培养为人体炸弹载体的青年、少年、妇女、儿童。恐怖组织的培训以及自杀式袭击暴力方式,剥夺、毁灭了他们正常的追求生活、享

---

[1] Christopher C. Harmon, *Terrorism Today*, London: Frank Cass, 2000, p. xv.
[2] 伊萨贝拉·索米尔:《作为总体暴力的"恐怖主义"》,《国际社会科学杂志》(中文版)第20卷第4期,2003年11月,第55页。
[3] J. D. Sethi, "Terrorism and All That", in M. A. , Ph. D. , *Encyclopedia of International Terrorism*, New Delhi: DEEP & DEEP PUBLICATIONS PVT. LTD. 2002, p. 8.
[4] 赫尔穆特·麦切尔:《圣域的眼泪》,中国城市出版社1999年版,第240页; Jan Stark, "Beyond 'Terrorism' and 'State Hegemony': Assessing the Islamist Mainstream in Egypt and Malaysia", in *Third World Quarterly*, vol. 26, no. 2, 2005, p. 317。
[5] Jan Stark, "Beyond "Terrorism" and "State Hegemony": Assessing the Islamist Mainstream in Egypt and Malaysia". *Third World Quarterly*, vol. 26, no. 2, 2005, p. 317.

受生命的权利，① 人为地扭曲了他们的心理。② 恐怖组织策划实施自杀式袭击的"人体炸弹"载体绝大多数是青年甚至是少年。恐怖组织利用他们这个年龄段心灵易于被扭曲的特点，残酷地给他们安排了一条不归路，将他们训练成毫不质疑、任凭恐怖组织头目支配与指挥的"人体炸弹"载体。可以说，恐怖袭击的规模越大、频率越高，恐怖势力及其组织就需要越多的暴力袭击的"炮灰"，很多当代恐怖组织招募人员只为简单地充当暴力袭击的"炮灰"而不会考虑这些袭击者的生命更何况其他人权。这是恐怖主义对平民的巨大伤害。

（三）恐怖暴力袭击手段的泛化及其极端暴力逻辑

从暴力形式上看，世界恐怖主义的暴力手段是"与时俱进"的，传统的恐怖主义暴力形式包括暗杀（冷兵器或热兵器）、爆炸、劫机等。发生在1946年7月的"大卫王饭店"事件则是爆炸恐怖手段的一个典型，大卫王饭店被高爆炸药炸成两半。在20世纪六七十年代的恐怖潮中，恐怖分子频繁采用劫机手段。到了2017年，回流西欧的国际恐怖分子又多采取汽车冲撞，美国的恐怖袭击中也开始以汽车冲撞作为暴力手段。从其"进化"线路看，当代国际恐怖主义的恐怖暴力手段在向两个极端延伸，一是采用最新科技手段的网络恐怖主义、生化恐怖主义以及核恐怖主义等袭击手段，二是最原始野蛮的自杀式袭击在全球范围得以推广普及。

20世纪80年代，"人体炸弹"开始出现，到当今成为流行的恐怖手段。自杀式恐怖袭击是迄今最为恶毒和令人发指的恐怖手段③。"9·11"事件将劫机与自杀式袭击相结合，制造了一个恐怖袭击手段的

---

① 恐怖组织为了掩人耳目，不引起警方注意，常常招募14—15岁的少年和中学生作为自杀式炸弹手；在北爱尔兰和西班牙都有十几岁的恐怖分子；有的炸弹手不过13岁，有的甚至更年少。由于恐怖活动的高度紧张状态，这些人体炸弹载体无法过正常的生活，一般无法结婚。据研究，欧洲、中东、亚洲的恐怖分子，未婚成员的比例高达75%—80%，http://www.kaogo.com/Learning/html/2007-4/20074141346557234858.html。

② 恐怖分子作为一种特殊性质的行为主体，其个性心理也可能存在一些特殊性（或变态性），即恐怖分子身上的仇恨心理、冷酷心理、狂热心理等三大重要的非常性或变态性的心理特征，http://www.kaogo.com/Learning/html/2007-4/20074141346557234858-2.html。

③ Scott Atran, "The Moral Logic and Growth of Suicide Terrorism", in *The Washington Quarterly*, Spring 2006, p. 127.

"典范"。当代恐怖暴力将劫机、爆炸、汽车冲撞、暗杀等传统手段与自杀式袭击相结合，自杀式恐怖袭击成为更速成、更便捷、成本更低的恐怖暴力实施手段，强化了恐怖暴力。[①]

恐怖袭击手段向高科技发展，将一些高新技术运用到恐怖活动中，并越来越倾向于简单易行、破坏力大、科技含量高的暴力手段。[②] 生化和核爆炸等大规模暴力武器也是当代国际恐怖分子追求的手段，网络成为恐怖暴力活动现代化的工具。

大规模杀伤性武器实施的恐怖袭击可能造成灾难性的后果，是一般恐怖手段远不及的，此类恐怖袭击不但具有现实性，还会产生恐怖倍增效应[③]。"恐怖分子策划用化学毒品污染一个城市的空气或供水系统"。[④] 1995年3月日本东京地铁的毒气案（中毒人数达5000余人），2001年10月美国的邮件炭疽（炭疽被认为是最具恐怖性的生物战剂）袭击事件，显示生化恐怖袭击已经成为现实。[⑤] 随着基因工程技术的发展和普及，恐怖分子以转基因病毒实施袭击的可能性增加。美国境内涉嫌使用生化武器的恐怖案件已逐年增长，1995年不到10起，1996年增加到20多起，1997年多达40多起，恐怖分子将可能更多地诉诸生化恐怖手段[⑥]。

20世纪90年代，网络恐怖主义开始出现。恐怖分子以网络作为恐怖袭击手段和目标。1995年9月，意大利中央银行的一些电脑终端和国家核物理研究所的计算机系统受到自称"长枪党武装"的袭击，[⑦]

---

① Laurence Miller, "The Terrorist Mind: A Psychological and Political Analysis", in *International Journal of Offender Therapy and Comparative Criminology*, Volume 50 Number 2, April 2006 121 – 138, p. 124.

② See, Frank G. Shanty; Raymond Picquet; John Lalla, *Encyclopedia of World Terrorism*: 1996 – 2002, M. E. Sharpe Refrence, 2003, p. 504.

③ Matthew Bunn and Anthony Wier, *Terrorist Nuclear Weapon Construction: How Difficult?* The ANNALS of the American Academy of Political and Social Science 2006; 607; p. 133.

④ 西奥多·A. 哥仑比斯：《权力与正义》，华夏出版社1990年版，第476页。

⑤ 杨恕、徐慧：《全球化时代的新恐怖主义》，载《兰州大学学报》（社会科学版）2004年第6期，第7页。

⑥ 胡联合：《第三只眼看恐怖主义》，世界知识出版社2002年版，第23页。

⑦ 王国强、胡凡：《国际恐怖与反恐怖斗争》，国防大学出版社1999年版，第47页。

"虽然拉丹（即本·拉登）手上用的是枪，但他的孙子手上用的可能就是鼠标了"①。由于网络在现代社会生活中的普及性及网络自身的开放性、脆弱性，网络恐怖主义较之导弹、炸弹的威胁有过之而无不及，网络袭击可能导致经济和社会混乱、严重破坏军事能力，且更便于帮助恐怖分子隐匿逃脱。②

三、当代恐怖主义中的宗教极端主义及其动员路径

当代恐怖主义的基本特征是以宗教话语和旗帜动员其恐怖能量。印度教、锡克教、天主教、犹太教和伊斯兰教背景的极端组织（分子）都实施过重大的恐怖袭击事件。"9·11"事件后全球发生的重大恐怖袭击，几乎都是宗教恐怖主义袭击。冷战后"西方看待共产主义的心态似乎不时转移或复制为新的威胁：宗教激进主义"。③ "反恐怖加反共，成为新时期的特征"。④ 民族、宗教和恐怖等问题交织在一起；民族分离主义、宗教极端主义常常与恐怖主义结合。

（一）宗教恐怖主义在当代的迅猛突起

20世纪80年代，世界宗教恐怖主义主要显性活跃在黎巴嫩、埃及和斯里兰卡。到20世纪90年代，宗教恐怖主义迅速在全球活跃起来，菲律宾、印度、斯里兰卡、巴基斯坦、阿富汗、巴勒斯坦、以色列、阿尔及利亚、爱尔兰等国家，以及苏丹等东非一些国家，宗教恐怖主义的活动都十分活跃。进入21世纪，以"9·11"事件为标志，宗教恐怖主义在全球泛滥。中亚、俄罗斯、南亚、东南亚、中东、东非和北非、西欧、北美等地，宗教恐怖主义活动极为频繁，世界几乎没有不面临宗教恐怖主义威胁的地区。

---

① 《网络恐怖挑战国家安全》，宁波政府信息网，http：//www.nbit.gov.cn/homepage/show_view.aspx?id=1145&catid=19，2005年6月1日。
② 汤姆·里甘：《当恐怖分子转向因特网时》，载《基督教科学箴言报》1997年7月1日。转引自《参考消息》1999年7月14日。
③ John L. Esposito, *The Islamic Threat – Myth or Reality*, New York: Oxford University Press Inc., 1992, p. 172.
④ 李零：《民主支持下的战争》，载《读书》2002年第9期，第31页。

第二章 恐怖主义问题

宗教恐怖主义　世俗恐怖主义

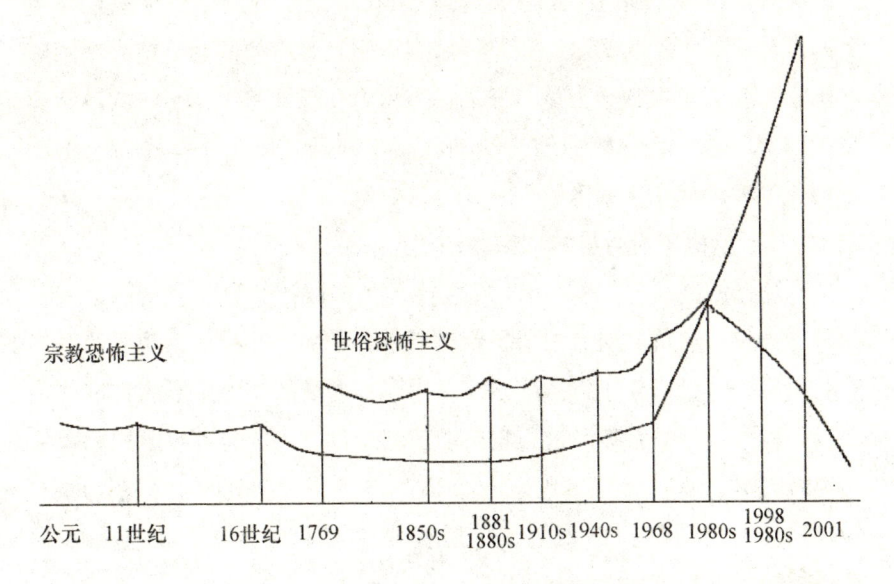

公元　11世纪　16世纪　1769　1850s　1881 1910s 1940s 1968 1980s 1998 2001
　　　　　　　　　　　　　　　1880s　　　　　　　　　　1980s

世界恐怖主义演变示意图[①]

从上图中可以看出，在时间跨度上，当代世界宗教恐怖主义的迸发是迅速而猛烈的。在古代世界，宗教恐怖主义占据恐怖主义的主导地位，是容易理解的。近代以来，在宗教、政治和思想领域发生了一系列革命性大事。因此，从世界性的资产阶级大革命始，世俗恐怖主义在长达两个世纪中主导着世界恐怖主义的走向。但在现代化以全球化的形式更为深入、深远地影响世界历史进程的当代，宗教恐怖主义竟然在沉寂两个世纪后经过短暂的30年时间就迅猛兴起、膨胀和泛滥，并在21世纪的第一年以前所未有的袭击发出了强劲的恐怖宣言。

---

① 这是一幅概念性示意图而非严格量体化示意图。曲线表示恐怖暴力及其活动的影响。主要参考资料有：张家栋：《恐怖主义论》，时事出版社2007年版；胡联合：《当代世界恐怖主义与对策》，东方出版社2001年版；朱素梅：《恐怖主义：历史与现实》，世界知识出版社2006年版；张金平：《中东恐怖主义的历史演进》，云南大学出版社2008年版。M. E. Sharpe Inc., International Encyclopedia of Terrprism, Chicago and London: Fitzroy Dearborn Publishers, 1997. M. E. Sharpe Inc., Encyclopedia of World Terrorism 1996 – 2002, New York: Sharpe Reference, 2003.

为什么国际恐怖主义以"宗教"旗帜得以全球泛滥？宗教恐怖主义的全球迅猛扩展与膨胀，正是一系列以宗教为旗帜的动员结果：国际和国家力量、重大社会力量，极端暴力势力和恐怖组织在不同的政治环境中以"宗教"为旗帜的动员活动，以不同的线路一步步造就、推动了当代宗教恐怖主义的滥觞。

（二）世俗政治力量的"宗教动员"

在这条线路，"宗教动员"的主体是世俗政治力量，包括国家力量和国际力量；动员的对象主要是宗教激进分子和普通教众；动员的目标是利用宗教力量服务于世俗政治斗争需要；动员的结果是形成了一些宗教极端势力，一些宗教激进力量被动员起来具有一定的组织形式和较强的组织力量，随后成为当代宗教恐怖主义的骨干；这一"宗教动员"给宗教暴力极端势力的聚集、扩展提供了有利的政治、社会和宗教环境。

埃及"7·23"革命后长期坚持世俗主义的现代化道路，但萨达特总统执政后，大力扶植宗教势力以增强自己的政治基础。在埃及浓厚的宗教传统氛围中，被萨达特动员起来的宗教势力迅速膨胀并走向了萨达特总统的对立面，最后萨达特总统自己被宗教恐怖分子刺杀。1965年，苏哈托发动政变上台后于20世纪70年代大力扶植宗教势力以抵消和对抗军队势力。[1] 虽然在70年代末苏哈托开始控制宗教势力的发展，但这股势力一经动员聚集，就不是可以轻易控制和清除的。印尼的宗教势力后来不断走向极端，并制造了包括巴厘岛爆炸在内的一系列重大恐怖袭击。中亚宗教势力的膨胀也得到了世俗政权的支持，[2] 随之，中亚出现了一系列宗教恐怖主义活动。

苏联出兵阿富汗后，美国及其西方盟友以及巴基斯坦等国家极力以"宗教"旗帜动员组织国际社会力量到阿富汗与苏联对抗。在阿富汗战场成长的以本·拉登为首的宗教极端势力以及为数不菲的阿富汗阿拉伯人，形成了国际宗教极端势力网络，逐渐演变为国际宗教恐怖主义的骨

---

[1] 许利平主编：《亚洲极端势力》，社会科学文献出版社2007年版，第78页。
[2] 石岚：《中亚费尔干纳：伊斯兰与现代民族国家》，民族出版社2008年版，第72页。

干力量。正是这股宗教势力在中东、东非和北非、南亚、东南亚、中亚等地推动了当地宗教恐怖主义的迅猛泛滥。一些宗教激进分子在波黑再次在组织联络和观念极端化方面得到强化。这些力量一旦凝聚成强大的组织力量,就没有、也不会再完全沿着美国等国际力量期望的愿望发展,而是利用国际社会适宜的环境,进行宗教再动员,其思想越来越激进、越来越极端的同时,一步步走向恐怖主义。

世俗力量在进行"宗教动员"时,忽略了两个"安全阀",一是意识和思想"安全阀",二是组织"安全阀"。失去了"安全阀",经过世俗政治力量以宗教旗帜动员起来的宗教社会势力,获得两方面的能量:一是组织能力;二是宗教旗帜的动员能力。一旦被以宗教旗帜动员起来,这些宗教势力就获得了组织力量。如果政策引导不慎,特别是政策环境和社会环境存在继续以宗教旗帜的条件,一些宗教组织力量很可能走向极端化,采取恐怖暴力手段。

(三) 宗教社会力量的"宗教动员"

"宗教动员"的主体是宗教社会力量,主要是一些宗教复兴运动的组织;动员的对象主要是最广大意义上的教众和最广泛的民众受众;动员的目标是推动宗教复兴的进一步发展;动员的结果是宗教社会力量的组织性大为加强,一些宗教组织的极端暴力倾向抬头并且急剧增强。

从 20 世纪 60 年代尤其是冷战结束以来,宗教在全世界范围内都迅速增长,呈现出一种复兴的景象,[①] 被称之为"去世俗化"(或"非世俗化")、"宗教全球复兴"、"世界的复魅"、"全球无神论的衰退"等。"保守的、正统的或传统的运动,差不多都在每一个地方兴起"。[②] 新兴宗教也在世界范围内不断增长并成为主要的社会、政治问题。[③]

[①] 徐以骅:《当代国际关系中的宗教回归》,载徐以骅主编:《宗教与美国社会》(第四辑),时事出版社 2007 年版,第 2 页。

[②] 【美】彼得·伯格著,李俊康译:《世界的非世俗化:复兴的宗教及全球政治》,上海古籍出版社 2005 年版,第 7 页。

[③] Steven Hassan, *Combating Cult Mind Control*, Park Street Press, 1990. 转引自高师宁:《新兴宗教初探》,中国社会科学出版社 2006 年版,第 2 页。

宗教复兴潮波及世界各地，成为全球现象。当代全球宗教复兴，表现为强烈的政治参与意识和行为，其政治参与形式包括信徒个人身份、群众、宗教团体等。[①] 宗教的政治化（或政治的宗教化）现象与国际冲突密切相关，[②] 宗教成为当代世界冲突和问题探讨中重要的政治意识指导，成为政治动员的资源，成为政治分析的根据和框架，自然成为政治、社会动员的鲜明旗帜。

在如此强劲的宗教复兴运动下，宗教社会力量的"宗教动员"，一方面动员凝聚了公开合法的宗教性的政党与组织；另一方面又推动了宗教极端组织和恐怖暴力组织力量的扩张。在这一动员过程中，"安全阀"在话语和政治资源两个层面上失控。"宗教"成为巨大的社会、政治动员话语，而世俗政权和理念的动员能力被"矮化""弱化"而显得苍白和软弱。正是宗教话语的不断强化，合法的宗教政党与组织被动员的同时，宗教极端组织和势力也在衍生。巨大而普遍的宗教话语下，迅猛的宗教复兴运动凝聚相当大的社会力量，浓厚的宗教话语氛围，为极端暴力倾向的膨胀提供了有利的条件，为宗教恐怖组织的活动提供了适宜的环境和场所、人员、阵地和资金的帮助，恐怖组织利用合法宗教资源"安全阀"的失控，得以壮大恐怖组织力量。

（四）恐怖势力（组织）的"宗教动员"

在这条线路，"宗教动员"的主体是宗教恐怖组织，动员的对象主要是宗教极端分子和普通教众，动员的目标是积聚实施恐怖行动的力量和资源等能量，动员的结果是导致国际宗教恐怖主义的全球泛滥。

在这一动员路径中，一些极端暴力倾向的势力在宗教旗帜下被动员、组织起来，获得足够强大的组织化能量，并在浓厚宗教社会氛围中得到推动而逐渐极端化。这些极端暴力倾向的势力组织，在适宜的话语、政治环境下，"自觉"地进一步进行"宗教动员"。

---

① 金宜久主编：《当代宗教与极端主义》，中国社会科学出版社2008年版，第89—93页。

② 徐以骅：《宗教与当代国际关系》，载《国际问题研究》2010年第2期，第45页。

在宗教氛围浓厚的当代，恐怖组织以宗教进行动员，恐怖"镜像""自然"地得出实施恐怖暴力袭击动机，"自然"地得出将所针对平民目标作为恐怖暴力袭击对象的合法性。宗教恐怖组织以宗教话语如"殉教"等来动员、培训恐怖暴力的实施者，为极端暴力手段需求神圣光环的"合法性"，以至于恐怖暴力的实施者将杀害平民看作一项"神圣的宗教义务"并以能够实施恐怖暴力而感到自豪。行刺拉宾的凶手就狂妄愚顽地叫嚣，"扣动扳机的不是他一人而是全体犹太人，因为那是上帝的命令"。①

恐怖组织的"神圣"宗教动员，在国际社会凸显了国际安全的双重"安全阀"失控。一是国际社会焦点矛盾的释放"安全阀"机制的失控；二是对国际暴力极端势力活动的失控。恐怖势力能够以"宗教动员"，获得政治目标的"合法性"；目标敌人界定的"合法性"；恐怖暴力手段的"合法性"。因此，恐怖组织得以在国际社会聚集巨大的恐怖能量，迅猛地泛滥。

（五）宗教回归与回归宗教

冷战体系解体、全球化体系凌乱，显示着世界正处于一个重大的转型跃进时期。每当世界历史进入一个这样的时期，都会提出新的理论与话语构建的要求。② 宗教话语往往自觉、不自觉地在面对全球化中的诸多矛盾所引发的社会张力面前充当一种社会运动的代言角色，也因此往往表现为一种对社会的批评、反对的声音。③ 宗教最容易在冲突和困难中吸引民众，④ 一旦宗教与社会冲突结合，就将增加问题的复杂性，使冲突更加难以解决。⑤ 也进一步助长宗教极端主义。

---

① Christopher Walker, "Rabin Killer - Trained by Shin Bet", *The Times* (London), November 21, 1995; *New York Times*, 1995 - 11 - 08.
② 郑杭生主编：《社会学概论新修》（精编版），中国人民大学出版社 2010 年版，第 2、3、21 页。
③ 刘义、陶亚飞：《从基要主义到恐怖主义——全球化时代的宗教政治》，载《社会》2007 年第 5 期，第 57 页。
④ See, Steven Hause and William Maltby, *Western Civilization*, Belmont, CA: West/Wadsworth, 1999, p. 157.
⑤ 【美】塞缪尔·亨廷顿著，程克雄译：《我是谁——美国国家特性面临的挑战》，新华出版社 2005 年版，第 297 页。

但以宗教旗帜进行恐怖活动的，是教众中的极少数。[1] 正统宗教是坚定反对恐怖主义的，宗教恐怖组织和恐怖分子宣称的"宗教"，特别是全球化给各地民众提供了社会发展的新的重大空间的社会背景下，极端行为（暴力）更是违背传统宗教的真正宗旨的，是对宗教的反动和异化。[2] 恐怖主义是对其所宣称宣扬的宗教的直接否定；没有任何一个宗教的指向是极端暴力，恐怖主义的宗教旗帜流于邪教。

面对恐怖势力的"宗教动员"，国际反恐怖工作需要宗教"回归宗教"，消除"宗教动员"的社会环境、增强宗教在反恐怖工作中的正能量。"回归宗教"意味：一是，世俗政治力量对宗教的正确理解和得当动员，避免宗教动员为极端暴力势力利用；二是，宗教社会力量对宗教话语和旗帜的正确把握，形成于社会发展适宜的积极向上的宗教话语主流，避免极端势力借用宗教进行动员。这样，宗教"回归宗教"，能够为消除恐怖组织进行宗教蛊惑、动员，创造良好社会宗教环境。

第二节　恐怖主义问题的核心

恐怖主义问题包括恐怖主义活动、反恐怖主义行动。这两个方面的核心，都是社会—政治秩序：恐怖主义在暴力、思想意识层面颠覆性地破坏社会生活基本秩序、追求其极端主义政治秩序；反恐怖工作必须维护社会生活秩序、必须坚持现代政治秩序的核心理念。

---

[1] Charles W. Kegley, Jr, *The New Global Terrorism*, New Jersey: Prentice Hall, 2003. p. 185.
[2] 极端行为，是对背离社会常态秩序行为的指称。在每个时代，人类社会都设想集体或个人行为应该符合本时代社会秩序的行为，与此相对，不符合社会秩序规范的行为即有悖于现代人类观念的行为往往被称之为极端（参考雅克·塞姆林：《极端暴力：我们能理解它吗？》，载《国际社会科学杂志》2003年11月，第9页）。暴力行为就常常存在极端行为，如暗杀、大屠杀等。但极端行为就存在于人类社会并且根源于人类社会，理解极端暴力形式之一的恐怖主义，必须认识到这种极端行为不是外来的。也正是因为内在于我们的社会，这种极端暴力形式方可得以与种种精神或意识结合而获得极端暴力生命力（【美】罗伯特·O. 基欧汉著，门洪华译：《局部全球化世界中的自由主义、权力与治理》，北京大学出版社 2004 年版，第 310 页）。

恐怖主义在一定程度反映社会发展中的重大性矛盾，但恐怖暴力本身却是无序的、反社会的；恐怖主义将社会秩序中的普通民众作为暴力对象，最大的受害者是纯属偶然地置身于恐怖事件现场的无辜平民。[①] 恐怖暴力以无限暴力的威慑试图达到政治目标，因此恐怖行为主义是反（非）群众性的反社会秩序行为，是"不合潮流（不能理解群众的政治意愿而无法领导群众）的，这就决定了他们仅仅是现存秩序的破坏者"。[②]

反恐怖工作必须维护当代社会—政治秩序，坚持当代社会—政治秩序的根本原则，促进当代社会—政治秩序的发展。因此，反恐怖主义行动，既是对民众生命、财产的保护，也是对当代社会—政治秩序及其原则的维护；既要打击恐怖势力的暴力活动，也要打击恐怖主义极端思想对社会—政治秩序的挑战；既要有效遏制、打击恐怖势力的组织能量，又要更好地促进社会—政治秩序，为社会—政治秩序的发展提供条件与保障。

坚持以当代社会—政治秩序为轴心的反恐怖工作，面临巨大的挑战：

一是，反恐怖打击行动、防范举措往往都会对民众的社会有一定的限制，即使是反恐怖应急处置也会对民众的日常社会造成短暂的影响，而社会紧急状态、反恐怖军事行动则会更大范围、更长时间影响民众正常生活。

二是，恐怖势力不仅以暴恐袭击破坏社会秩序，还煽动民众抵触反恐怖行动中对衣食住行等生活的一些限制，借以制造社会、政治紧张关系，销蚀反恐怖工作的能力。

三是，由于对恐怖主义本质、反恐怖工作需求认识不够，民众对反恐怖行动所需要的限制条件不理解，不仅不能够自觉、积极参与反恐怖工作，反而会附和极端势力、恐怖组织的一些说辞，严重干扰反恐怖

[①] 《不列颠百科全书（国际中文版）》，中国大百科全书出版社1999年版，第16卷，第527页。

[②] 金虎：《技术对国际政治的影响》，东北大学出版社2004年版，第157—158页。

行动。

四是，恐怖主义的极端思想、话语，是对当代社会—政治秩序的根本性挑战、颠覆，国家、国际社会对此存在一些模糊认识，在反恐怖工作中放弃当代社会现代性的核心理念、原则，被动地以恐怖势力制造的"问题""话语"讨论恐怖主义问题，不自觉地陷入极端主义的陷阱，既失去了反恐怖工作的思想理论主导权，也会助长恐怖主义极端主义气焰。这是对当代社会—政治秩序的最根本的破坏，在反恐怖工作中的自毁长城的行为。

一、恐怖主义挑战社会与政治秩序

破坏普通民众正常社会生活所必须的基本社会秩序的恐怖活动，不仅直接破坏秩序，而且要颠覆当代社会—政治秩序，因而恐怖主义政治暴力行为绝不是保护而是杀戮、欺凌、控制广大的普通民众，其固有的反群众性最终决定它为民众普遍唾弃。[1]

（一）以恐怖暴力挑战人类社会基本秩序

恐怖暴力直接伤害普通民众的生命财产，更挑战、损毁民众所需要的基本生活秩序及其基础。

其一，暴恐袭击直接危害生命、财产、生活社会秩序。当代恐怖暴力袭击直接针对平民，制造大规模的平民伤亡。袭击目标，对于恐怖主义是一种标志，是政治行为和态度的标志象征。[2] 恐怖暴力直接目标是普通民众，恐怖主义"撕裂和平时期的平静生活，残害无辜平民的宝贵生命"[3]。战争规范和国际法规定"军事行动应限于武装部队，不得攻击和杀害平民，这是最古老的战争法则"[4]。恐怖暴力袭击的主要目标

---

[1] 【美】M. 克伦肖著，子华译：《恐怖主义的起因》，载《当代西方思潮》，社会科学文献出版社1988年版，第256—257页。
[2] Eric Morris and Alan Hoc, *Terrorism: Threat and Response*, London: The Macmillan Press Ltd. 1987, p. 25.
[3] 【英】苏珊·L. 卡拉瑟斯：《西方传媒与战争》，新华出版社2002年版，第187页。
[4] 王铁崖主编：《国际法》，法律出版社1988年版，第541页。

指向了民众，这表明恐怖主义挑战人类社会的基本秩序。

对社会公共目标的袭击在本质上是对民众的袭击。恐怖主义袭击的目标可否是物？有的学者做了肯定的回答，如"文化恐怖主义"的提法①、"信息恐怖主义"的论述②等都将物（文化标志物、信息设施）看作恐怖袭击目标。但这些物质的目标，属于具有民众和社会的公共服务性质，是附属于民众目标的。

其二，恐怖袭击社会公共设施危害社会生活的基础。恐怖分子针对输油管道、电力、水源等现代社会公共设施的袭击，不仅是经常发生，未来还可能因网络恐怖主义等手段可能导致极其严重的针对公共生活的袭击。一旦此类袭击发生，将摧毁社会生活基础。

车站、商场、医院、学校等场所，本就是民众生活中的必要场所，恐怖势力刻意在这些场所制造袭击，既意在制造大规模伤亡，也意在制造社会公共场所的恐怖袭击与安全压力。因此，暴恐袭击还制造大面积、长时期的恐怖氛围，形成社会恐慌，严重影响民众的生活秩序。恐怖势力通过突然的、持续而常态化的、难以预测的、形式多变的恐怖袭击，在全球各地制造了浓厚的恐怖氛围。恐怖势力实施恐怖暴力袭击能够制造强烈的恐怖氛围，引起民众的恐慌与紧张。作为恐怖主义一个基本要素的公众效应，目标是在公众当中产生恐惧感。③这种恐慌与紧张从暴力袭击现场大面积地向社会面传播，造成重大安全压力，严重破坏正常的社会秩序。

其三，通过暴力袭击扰乱社会秩序在民众与政府间制造隔阂。恐怖势力一般没有直接实施颠覆政府之类的活动能力，没有能力直接颠覆社会制度、控制大批地域，但却能够通过恐怖袭击诱发社会秩序紧张、制造混乱。

恐怖势力通过其极端暴力，彰显国家与政府的反恐怖工作、维护社

---

① Dr. Shaul Shay, "Cultural Terrorism and 'the Clash of Civilization'", in ICT Papers on Terrorism, Jerusalem Israel: Ahva Press, 2002, p. 6.

② 杨世松、韩东：《信息恐怖主义解析》，载《国际论坛》2004年第5期，第11页；王伟光：《暴力分析与恐怖主义的界定》，载《国际政治研究》2005年第2期，第137页。

③ 肖宪编译：《世界政治与国际关系》，云南人民出版社2005年版，第371页。

会安全稳定、保护民众生命与财产等方面的某些不足；并以不断的、持续的暴恐袭击来挑拨民众对政府的信任、对反恐怖工作的认同，其持续的暴恐袭击所形成的长期反恐怖压力，会诱发民众对政府的不满甚至是隔阂。民众会对政府的反恐怖行动、维护社会秩序与安全的能力提出评判，会对反恐怖举措提出各种质疑。

恐怖主义一旦在某地滋生、蔓延，就难以在短时期内消除，而且还会出现一波波的高潮。持续的恐怖威胁严峻挑战国家与政府的反恐怖工作能力，也易于引发民众的不满，甚至进而动摇国家与政府的政治基础。长时期的反恐怖压力，会给国家与政府的维护安全与秩序的能力提出重大挑战，国家与政府需要投入巨大的反恐怖资源，社会资源的巨大消耗以及反恐怖成效的不足，往往会损伤国家与政府的形象、威信，更会打乱国家与政府的长远发展布局。如果长期的反恐怖工作占用了大量的国家发展资源而导致社会经济发展迟滞，民众可能会严重动摇对政府的信任甚至酿成重大社会、政治动荡。2011年埃及发生社会、政治骚乱的突出原因之一就是民众对政府长期反恐怖工作的不满、对社会发展迟滞的不满。

（二）以极端主义蛊惑冲击社会—政治秩序

当代恐怖主义的极端主义蛊惑，核心目标是当代社会—政治秩序。

其一，恐怖势力蛊惑将普通民众作为暴力袭击目标。恐怖势力及其组织刻意将社会普通民众"敌人化"，而为自己袭击民众及其相关目标狡辩。当代恐怖分子认为，民众支持或顺从政府就成为可以袭击的目标，这是恐怖主义挑战人类社会基本秩序的核心所在，因为民众的安全是社会秩序存在的基本条件。恐怖主义是彻头彻尾反社会的，既将自己置于国家与制度的对立面，也将自己置于社会秩序中的民众的对立面。[1] 恐怖主义与合法抵抗之间"只有一条细线区分二者，特别是当平民成为目标"，[2] 将暴力袭击平民"合法化"，是恐怖主义颠覆社会—政

---

[1] 金虎：《技术对国际政治的影响》，东北大学出版社2004年版，第157页。
[2] Robert B. Satloff (ed.), *War on Terror: The Middle East Dimension*, Washington D. C.: The Washington Institute for Near East Policy, 2002, p. 8.

其二，恐怖主义针对的暴力对象不只是个别的直接受害的个人，而是全体公众。① 普通民众的判断、界定，是定义恐怖主义的基本前提。② 早期西方社会认为对暴君的反对是正义的（如 He who usurps the swords is worth to die by the sword. 夺刀剑者必死于刀剑）③，但当代恐怖主义的主要袭击目标不是"暴君"，而是普通民众；"恐怖主义……针对那些——相对于政治终极目的来说是——无辜的目标"。④

其三，其极端主义从根本上否定当代社会—政治秩序的基本原则，否定现代社会发展的基本理念。国际恐怖组织和恐怖分子一方面利用全球化提供的便利条件获取行为能量，非国家行为体易于游离于国际体系之外，一旦非国家行为体不受体系相互依赖结构的限制，就可能利用全球化结构和网络等技术条件获取巨大活动能量。⑤ 恐怖组织和恐怖分子的活动就是典型。另一方面却否定现代社会发展理念、现代社会基本的政治秩序原则。其极端主义是对现代社会的根本否定，如其极端的社会控制手段及其理念。"一方面，世界各国的领导人容易误解恐怖活动与全球化之间的联系深度；另一方面，却可以想象，'基地'组织能使他们的国家陷入混乱，都不接受国家或国家体系的概念的合法性"。⑥

（三）伺机"建国"从而以极端主义颠覆现代社会秩序

现代恐怖主义是破坏性暴力的变异。⑦ 恐怖势力虽然很少能直接发

---

① 肖宪主编：《当代西方国际关系理论与实践》，云南大学出版社 1998 年版，第 213 页。
② Philip B. Heymann, *Terrorism and American*, Massachusetts and England: The MIT Press, 1998, p. 4.
③ George H. Sabine, Thomas L. Thorson, *A History of Political Theory*, Dryden Press, 1973, p. 235.
④ Audrey Kurth Cronin, "Rethinking Sovereignty: American Strategy in the Age of Terrorism", in *Survival*, Vol. 44, no. 2, Summer 2002, p. 122.
⑤ See, Frank G. Shanty; Raymond Picquet; John Lalla, *Encyclopedia of World Terrorism*: 1996 - 2002, M. E. Sharpe Refrence, 2003, p. 516.
⑥ 【美】库尔特·坎贝尔：《全球化时代的第一次战争?》，载中国现代国际关系研究所全球化研究中心编译：《全球化：时代的标识》，时事出版社 2003 年版，第 428 页。
⑦ 【德】赫尔弗里德·明克勒著，阎振江、孟翰译：《统治世界的逻辑：从古罗马到美国》，中央编译出版社 2008 年版，第 133 页。

起挑战国家政权秩序的大规模暴力，但恐怖势力往往能够乘社会与政治重大动荡之机而凶猛突起，壮大到可以采取大规模武装活动、或者实施公开的极端主义统治。

其一，善于利用社会秩序动荡追求其极端主义目标。恐怖势力既借助一些社会问题攻击当代社会，也利用社会—政治秩序的动乱制造更多、更大、更广泛的恐怖暴力，图谋直接颠覆社会—政治秩序。2011年发生动荡后，国际恐怖势力不断借助各种话题攻击埃及政府，呼吁颠覆穆巴拉克政府；而 2013 年后又乘埃及社会、政治重建的困难之机，在埃及实施持续的、多地区的恐怖袭扰。恐怖势力及其组织在全球化中、在非传统安全问题的大潮中获得巨大活动能量。

其二，恐怖势力在其控制区域实施极端主义控制。有一些恐怖势力实际控制了一些地域，如"伊斯兰国"势力在伊拉克、叙利亚控制了大批地域，"博科圣地"在尼日利亚东北部长期盘踞。恐怖势力在其控制区以其极端主义进行社会管理，如对女性实施种种的限制与歧视、残酷的杀戮与刑法、大规模地劫掠平民甚至将平民作为奴隶买卖。当代恐怖势力以宗教名义的恐怖活动是一种巨大的反动，[1] 是现代社会秩序的极大倒退。

二、反恐怖主义工作的核心是维护秩序

经过 1981 年以来三个阶段 30 多年的演变，恐怖主义威胁越来越成为国际安全中的一个常量。全球各地都长期、持续面临恐怖主义威胁，各国、各地无法摆脱恐怖主义袭击的阴影。恐怖主义威胁日常化，普通民众的日常生活和社会事务，如外出旅游、跨国打工、运动会与世博会等社会经济活动，都直接面临恐怖主义袭击的威胁。国际反恐怖斗争与反恐怖合作，越来越成为国家间关系中的一个重要领域和问题，而反恐怖斗争与合作渗透到各项国际事务中，大大增加了国

---

[1] Mark Juergensmeyer, *Terror in the Mind of God*, London: University of California Press, 2000, p. 225.

际事务的成本。

反恐怖主义工作的核心是维护社会—政治秩序，需在反恐怖工作中促进社会—政治秩序；但在反恐怖工作的过程中，面临影响力的"秩序难题"。

(一) 维护秩序的反恐工作任务十分艰巨

其一，当代恐怖袭击的目标范围越来越宽泛。恐怖袭击将越来越多的平民作为目标，将越来越多的国家作为目标，将越来越多的公共场所、设施作为目标。针对公共交通设施、劫持民用交通工具，成为当代恐怖主义活动的一个重要特征；商业区、居民区、娱乐场所等民众聚集地和社会公共设施，成为恐怖主义袭击的高危目标。恐怖袭击的威胁，使得日常生活无处寻找到安全场所。地铁、公交车、市场等任何公共场所都笼罩了恐怖主义阴云。民众在日常生活中无法辨认、判断恐怖分子从何处（国际还是国内）来、恐怖袭击在何时来，只能将恐怖袭击威胁的压力置于日常生活的每个环节之中。旅行、出外工作，都可能遭到恐怖袭击或绑架。

"让更多的人死"成为当代恐怖主义袭击的主要目的。为此，当代恐怖组织策划实施了一系列旨在造成重大伤亡的袭击事件，这些袭击事件经过长期精心策划准备，以连环爆炸和人群稠密场所的爆炸为主要手段，东非大爆炸和"9·11"事件就是典型。重大、重要的基础设施和标志性建筑，成为当代恐怖袭击的"偏爱"目标，双子塔、巴厘岛等地发生的恐怖袭击事件堪称典型。核电站、油气管道、国际运动会场所、典型博览会场所等承受的恐怖袭击压力越来越大。

其二，当代恐怖主义活动既用自杀式袭击、汽车冲撞、砍杀等原始残暴手段，也越来越多地采用高技术新技术，使得恐怖新手段、新形式不断出现，如信息恐怖主义、金融恐怖主义等。恐怖主义与高科技的结合对国家和国际政治经济安全的威胁与日俱增。

随着互联网和信息技术等科学技术的迅猛发展，全球经济一体化进程的加快，恐怖分子的活动范围扩大，筹措资金的渠道更加隐蔽、畅通和便捷，恐怖组织就像跨国大公司一样无处不在。1999年兰德公司在一项题为《对付新的恐怖主义》的报告中把新兴的网络恐怖组织简称为"SPIN"（分散、多中心、思想自成体系的综合网络）。

其三，恐怖活动的国际化、本土化高度交汇，极大地增加了反恐怖工作的难度。国际恐怖主义的国际化、本土化两大特征并行。欧洲面临的恐怖主义威胁日益本土化，美国也惊呼本土恐怖主义威胁激增。[1] 非洲、东南亚的本土恐怖主义组织与国际恐怖主义组织的结合步伐在加快。当代恐怖分子在全球任何地方都可以很容易地选定袭击目标；任何区域恐怖组织的行动都可以造成国际影响。恐怖主义威胁国际化与本土化的结合，极大地增加了反恐怖工作难度。

当代恐怖主义的暴力袭击范围是全球性的，恐怖组织具有越来越突出的跨国跨区域恐怖活动能量，在全球发动恐怖暴力袭击，而没有地域限制。恐怖活动向有组织的网络化方向发展，恐怖活动不再局限于某些地区，逐渐形成全球恐怖网络。阿富汗反恐战争后，"基地"组织迅速适应新的环境，以全球化和本土化策略开始建立新据点，形成全球网络结构的"基地"国际恐怖组织群，在全球范围内组合了许多小规模、松散型的恐怖团伙。[2] "9·11"事件后，当代恐怖主义的活动呈现为两个全球"循环圈"，打造出了恐怖组织和恐怖活动的全球大体系。

在全球构织恐怖组织网络，在全球制造恐怖袭击并相互呼应，在全球任何区域选择任何可能的目标发动袭击，国际恐怖主义就是以这样的恐怖主义全球化逻辑构织全球立体恐怖，从全球立体方位向全球发出恐怖威胁。

（二）反恐工作需要依托、发挥社会—政治秩序的作用

反恐工作必须在正常的现代社会秩序中把握平衡：既需要得到当代社会秩序的支持，为保障反恐怖工作而采取适当的秩序限制，又需要在当代社会秩序的基本理念、框架中进行，决不能以反恐怖工作损害当代

---

[1] 《美国高官称本土恐怖主义威胁加剧》，新华网，2010年9月23日，http://www.cnr.cn/china/newszh/yaowen/200909/t20090912_505467251_1.html。

[2] "Al Qaeda's web: The upgraded networks of global terrorism", *Scott Atran NYT*, Wednesday, March 17, 2004. http://www.iht.com/articles/510521.htm。

第二章 恐怖主义问题

社会秩序的根基。这一平衡的难度,在反恐怖工作中往往表现为"过度反应"。

其一,国际战争反恐模式对当代国际社会秩序的挑战。美国感受到了恐怖主义实实在在地逼近和降临。① "9·11"事件大大折损了美国人的自信心。"9·11"事件前,1999年美国的一项调查表明,受访者中只有12%的人认为恐怖主义属于两到三个美国首要的外交关注问题之列。② 而2001年9月20日,美国两会迅速通过联合决议允许总统使用所有必要和合适的武力,以阻止任何国家、组织和个人在将来针对美国的任何国际恐怖主义行动,唯一的一张反对票遭到潮水般的恶语攻击,甚至有人身伤害的威胁。③

但事实上,美国的国际反恐战争模式成为其推进霸权的工具,将中东的民主改革进程与美国国家安全及其战略直接挂钩,④ 对中东改造以符合美国的全球霸权,迷信单边主义是力量的显示和强化,利用"9·11"事件和反恐战争将强权政治和霸权主义合法化。这是对当代国际社会秩序的致命破坏,在帝国的支配性力量和恐怖分子的支配性力量之间存在逻辑的和符号象征性的因果性联结,而且昭示着这一因果力量的走向趋势。⑤

其二,反恐怖工作需要对社会秩序有所限制。为了阻止恐怖活动要素的全球流动、跨境跨界流动,必须强化防范工作,因此会对民众社会

---

① Jeffrey O. Whamond, *Meta–Analysis of the Psychological Impact of Terrorist Threats on Violence in the American Workplace*, Ann Arbor: ProQuest Information and Learning Company, 2006, p. 179.

② 【美】约翰·罗尔克著,宋伟等译:《世界舞台上的国际政治》,北京大学出版社2005年版,第419页。

③ 参议院以80:0的票数通过,众议院的表决结果是240:1。这个表达异议的"1"是来自加利福尼亚的民主党议员芭芭拉·莉(Barbara Lee)。她赞成将恐怖分子绳之以法,但希望美国"确保暴力水平不会脱离控制地螺旋上升"。参见其国会网页:http://www.house.gov/lee/votes.htm。转引自【美】约翰·罗尔克著,宋伟等译:《世界舞台上的国际政治》,北京大学出版社2005年版,第119页。

④ 费肖俊:《大漠风起不胜寒——析9·11后美国与沙特关系》,载《世界知识》2003年第7期,第37页。

⑤ James Kurth, "Confronting the Unipolar Moment: the American Empire and Islamic Terrorism", in *Current History*, December 2002, p. 404.

秩序实施一些限制；现场处置等工作会有更为紧急、宽泛的限制。这是反恐怖工作所必要的。反恐怖工作对社会秩序的某些限制、暂时限制，必须得到民众的理解；也必须引导民众自觉适应相关社会秩序的限制以配合反恐怖工作。

恐怖势力、极端势力，以及对恐怖主义本质认识模糊、对恐怖活动形式认识模糊的民众，会对反恐怖工作中对社会秩序的一些必要限制提出种种责难、扰乱舆论、干扰反恐怖工作。

（三）持续的反恐怖工作对社会—政治秩序产生重大压力

继两次世界大战、冷战之后，恐怖主义成为全球性战争状态的第三种模式，也因此而考验国际社会。"在全球化时代，恐怖主义已成为国际政治的常态，也成为我们日常生活中的一部分。"① 反恐怖工作不可能一蹴而就，长期的反恐怖工作会对社会—政治持续的维护形成很大压力。

其一，"越反越恐"的压力。在恐怖活动嚣张的某些阶段，反恐怖行动在短期难以有效遏制恐怖袭击的势头，往往出现恐怖势力为了展示其嚣张气焰有意与反恐怖工作抗衡而加大暴恐袭击力度与频率，每当恐怖势力遭到打击、重挫，就实施一轮猖獗的暴恐袭击反扑。这些暴恐袭击反扑会在一定时期呈现"越反越恐"的态势，既会造成民众的不满，也会给各种杂音提供机会。

2001年10月7日以美国为首的联军发动阿富汗反恐战争以来，反恐怖前线地带的恐怖活动不仅持续高发，时有造成重大伤亡的恐怖袭击发生，而且恐怖活动越来越参与当地和国际的政治博弈，选择重要时机、主要政治目标发动袭击。2007年，包括"基地"组织伊拉克分支在内的多个恐怖组织在伊拉克依然频繁活动。进入2010年，伊拉克大选伴随着恐怖袭击，美国撤军的8月、9月伴随着连续的恐怖袭击。"伊斯兰国"势力在伊拉克、叙利亚的活动遭到重挫后，2015年起在全球实施疯狂的恐怖袭击。

---

① 朱素梅：《恐怖主义成为"常态"？》，载《世界知识》2008年第22期，第5页。

第二章 恐怖主义问题

其二，武力打击、高压严打长期化的压力。恐怖主义一旦成气候，会推动恐怖主义进一步迅猛泛滥。一旦恐怖主义形成浪潮，由于恐怖效应的影响，会带动一大批极端分子仿效而实施恐怖袭击，因此恐怖主义本身就成为恐怖主义泛滥的原因。因此，武力打击恐怖活动、严厉打击恐怖主义专项行动，往往需要持续着力。俄罗斯在第二次车臣战争后保持在该地区全境的反恐怖高压严打行动，在叙利亚的反恐怖行动从2015年9月以来一直在进行，虽然2017年12月俄罗斯计划从叙利亚撤军，但难以如愿。美国在阿富汗、肯尼亚、索马里的反恐怖行动也被迫长期拖延。长期的武力打击、高压严打，需要社会提供巨大的人力、武力支持，考验社会—政治秩序的能力。

其三，长期反恐怖工作对社会资源的占用形成巨大的社会发展张力。反恐怖工作成为各国以及国际社会的一个常量，反恐怖的成本在大大增加。反恐怖会占用巨大的社会资源，很可能导致用于促进社会、经济发展的资金投入受到影响，久而久之，反恐怖工作的投入会成为社会发展的重大障碍，引发民众的不满。2011年阿拉伯世界动荡的发生，其中一个较为重要的原因就在于民众对长期反恐怖工作的不满，特别是埃及，民众对长期实施的反恐怖紧急状态、反恐怖工作影响社会经济的发展普遍不满，导致政府垮台。而恐怖分子还有意通过恐怖袭击破坏经济。2005年7月，埃及的沙姆沙伊赫发生七起连环爆炸后，埃及的旅游业遭到沉重打击，许多人因此而丧失就业岗位。沙姆沙伊赫是埃及重要的旅游城市和国际会议中心，1997年该城市就曾经发生重大恐怖袭击。恐怖袭击还给穆巴拉克总统造成了政治信任危机，[①] 民众在社会经济发展迟滞与恐怖袭击威胁增加的双重困境中不禁责难政府的行政能力。

（四）以反恐促进社会—政治秩序发展的能力

社会矛盾能够为恐怖主义利用，其核心是社会秩序的失序；在失序的社会环境中，恐怖主义获得恐怖活动空间和恐怖暴力能量。当代世界

---

① 金姬、赵艳燕、苏程远：《当恐怖主义常态化》，《新民周刊》，2005年7月27日。

反恐怖工作既要促进社会—政治秩序的稳定、依托社会—政治秩序提升反恐怖能力，也需要促进当代世界社会—政治秩序的进步，强化秩序在反恐怖工作中的强大威力。

其一，促进动荡局势稳定，营造反恐怖工作必须的社会—政治秩序。世界各地的恐怖活动往往伴随着社会、政治秩序的混乱，实现热点地区的秩序重建是反恐怖等一系列工作的基本条件。国际社会在强化打击恐怖主义力度的同时，也需要进一步积极探索社会、经济甚至政治改革，增强民众对反恐怖举措的认可和认同。

其二，破解重大发展问题，推进社会—政治秩序进步。当代恐怖主义，无论是袭击的规模还是国际社会反应的程度，都是没有先例的，触发了国际社会一系列连锁反应，[1] 非传统安全问题往往相互影响并结合在一起。毒品生产地域与恐怖活动相关，毒品资金支持恐怖活动。[2] 通过与全球化中的突出问题的结合，恐怖组织"不停地建立、巩固自己与国家、社会对抗的行为体地位和能力"。[3] 恐怖主义在全球化深入的国际环境中获得强大的新生命力。如何促进全球化下的全球社会—政治秩序的进步是反恐怖工作的重大命题。

当代恐怖主义全球化作为非传统安全中的主要问题挑战全球化时代的国际治理，[4] 一系列非传统安全课题成为经济全球化迅猛发展中国际社会面临的日益严峻的问题和安全威胁，[5] 其中生态、金融、恐怖主义三种非传统安全的威胁最大，[6] 单一的反恐怖工作不可能取得重大

---

[1] Ulrich Beck, "The Terrorist Threat: World Risk Society Revisited", in *Theory Culture Society* 2002, 19; 39, p. 44.

[2] Susan L. Cutter, Douglas B. Richaroson, and Thomas J. Wiilbanks, *The Geographical Dimensions of Terrorism*, New York and London: Routledge, 2003, p. 61.

[3] Ulrich Beck, "The Terrorist Threat: World Risk Society Revisited", *Theory Culture Society* 2002, 19; 39, p. 45.

[4] Stares, Paul B. Eds., *The New Security Agenda: A Global Survey*, Japan Center for International Exchange, 1998. p. 25; 张家栋：《恐怖主义论》，时事出版社2007年版，第125页。

[5] Terry Terriff, Stuart Croft, Lucy James and Patrick M. Morgen, *Security Studies Today*, New York: Polity Press, 1999, pp. 115—117; Jon Barnett, *The Meaning of Environmental Security: Ecological Politics and Policy in the New Security Era*, London: Zed Books, 2001, pp. 41—58.

[6] Ulrich Beck, "The Terrorist Threat: World Risk Society Revisited", *Theory Culture Society* 2002, 19; 39, p. 45.

胜利。"虽然不是所有的恐怖主义起因于社会不公正之中，但确实就是在社会不公正的环境里恐怖主义生存着"，[1]反恐怖工作必然要求破解当代世界发展的重大问题，促进全球化社会—政治秩序的治理进步。

其三，反恐怖工作需要通过去极端化净化社会环境，提高现代主义引导社会—政治秩序发展、进步的能力。

秩序是社会的基本要素，秩序总是与一些结构相联系。[2] 在失序状态下，国际社会的矛盾会爆发得更剧烈且产生具大的破坏性，成为恐怖主义得于滋生、蔓延的条件。恐怖主义利用社会失序并以恐怖暴力进一步制造社会失序和混乱。[3] 全球蔓延滋生的恐怖组织以其极端思想和恐怖暴力时刻觊觎着国际社会。我们有能力维护秩序吗？我们有可能改造秩序、阻止遏制秩序中自身恐怖主义吗？

国际社会打击恐怖主义的一个主要策略就是促使恐怖组织和恐怖分子的转化，这需要营造良好的社会—政治秩序环境。在严厉打击的同时，通过对恐怖主义的综合防治，促使恐怖主义分子（也是社会中的人）实现认同社会秩序规范的政治转化，遏制恐怖主义的滋生、蔓延。

当代恐怖势力以民族分离主义和宗教主义作为极端主义旗帜得以大行其道，[4] 其自杀式袭击仅仅作为个人行为都是得不到社会认同的，[5] 是挑战社会规范的行为，[6] 当代恐怖主义破坏的是人类进步社会秩序的基础。但当代国际恐怖主义政治口号、政治目的比较抽象，或是把某种思想、价值观、生活方式作为打击目标，或是以反对一个国家或

---

[1] G. M. C. Balayogi, "Terrorism is a Scourge for Civilization", in M. A., Ph. D., *Encyclopedia of International Terrorism*, New Delhi: DEEP & DEEP PUBLICATIONS PVT. LTD. 2002, p. 5.

[2] 秦亚青：《中国学者看世界》（国际秩序卷）序言，新世界出版社2007年版，第13页。

[3] Caleb Carr, *The Lesson of Terror*, New York, Toronto: Random House, Inc., 2002. p. 149.

[4] Christopher C. Harmon, *Terrorism Today*, London: Frank Cass Publishers, 2002, p. 28.

[5] 段德智：《西方死亡哲学》，北京大学出版社2006年版，第169页；【瑞典】Danuta Wasserman 主编，李鸣译：《自杀：一种不必要的死亡》，中国轻工业出版社2003年版，前言。

[6] 【法】埃米尔·迪尔凯姆著，冯韵文译：《自杀论》，商务印书馆2007年版，第403页。

一种思潮为宗旨，这就大大泛化了政治目的这一范畴。① 以现代主义动员民众、引领民众反对恐怖主义，是取得反恐怖斗争胜利的最根本的保障。

---

① 杨恕、徐慧：《全球化时代的新恐怖主义》，载《兰州大学学报》（社会科学版）2004年第6期，第6页。

第三章

恐怖组织

恐怖组织是恐怖活动的主体,"独狼"以及家庭式的团伙都是在恐怖组织带动的恐怖活动潮的影响下生成的;组织化的恐怖势力、组织化的恐怖暴力,是恐怖主义活动的核心。只有当组织化后,恐怖势力及其聚合的能量才能够实施大规模的恐怖活动、掀起恐怖活动潮。

当代恐怖势力及其组织生成的一般路径是:泛化、极端化、暴恐化。反恐怖工作的重点,就是把握恐怖组织的走势,把握如何有效打击恐怖组织并适时促成其转换。

第一节 恐怖组织的形成

经过泛化、极端化而走向暴恐化,是一般恐怖组织形成的线路,"泛化的后面,往往是搞极端化。而宗教极端主义一般都具有极端性、狂热性、蛊惑性的特点,常常能够蒙蔽一些不明真相的群众,成为暴力恐怖主义的思想工具。宗教极端主义不一定都会演变成恐怖主义,但是各种恐怖主义的背后大多具有宗教极端主义作为思想支撑。他们反对任何世俗化,主张宗教至上"。① 经过泛化、极端化阶段的组织能量的积蓄,在一定的条件下其组织能量突破第一节点。

一、当代恐怖势力组织泛化、极端化、暴恐化的生成路径

(一) 泛化的内涵与实质

泛化,指的是某种行为、意识超越了其应有的社会规范要求和活动范围,并在社会诸多方面大面积地泛滥开来。与当代恐怖主义相关的泛化,主要是宗教泛化。宗教泛化,就是宗教活动、宗教意识超越了宗教活动的场所、领域,向宗教场所、宗教领域之外大范围地扩展。

宗教泛化,与极端化相比,主要指的是宗教在社会中广泛扩散其影响,宗教话语、规范、意识在社会的各个领域的影响力不断扩展甚至成为主导性的行为规范及社会意识。宗教泛化的实质是对现代社会世俗主义的否定,否定现代社会发展、存在的基础。

(二) 极端化的内涵与本质

宗教极端化,是泛化力量以宗教话语、宗教法条对政治活动领域中的活动、现象进行干预。这里的极端,包括政治理念方面的,即以宗教主义代替世俗主义、以复古代替现代,将宗教凌驾于政治之上,并统领社会的方方面面,以宗教教义、理念解读政治、评判政治活动;包括政治主张方面的,即对重大政治现象、活动、决策发表主张,要求政府同意极端势力的要求、服从宗教极端主义的引导,事实上试图将自己凌驾于政府之上;包括政治参与方式方面的,即以种种非法活动向政府施压而非通过正常政治参与渠道与政府协商,如鼓动民众与政府对抗并制造群体性事件,单方面发布一系列威胁性声明等等。埃及的世俗民族主义与宗教复兴运动形成一种明显的此消彼长关系。

宗教极端主义的实质,是宗教干预政治。当代宗教极端主义干预政治,不仅要操控政府,还要颠覆现代社会政治的基本理念、准则,妄图

---

① 叶小文:《警惕宗教"泛化"后面的"极端化"》,光明理论网,2016 年月 13 日,http://theory.gmw.cn/2016-05/13/content_20086191_2.htm。

建立以宗教极端主义为基础的政权、回到历史的过去。这些理念及其目标，与恐怖主义势力是一致的。

（三）暴恐化的标识及其本质

暴恐化，指的是极端势力在追求政治目标时不仅满足于向政府施压，而且开始以暴力袭击向政府施压。暴恐化的袭击目标为民众，将社会秩序中的普通民众作为实施暴力的对象，使纯属偶然地身处于恐怖事件现场的无辜平民成为暴恐袭击的最大受害者；[1] 袭击合法政府目标。暴恐化的暴力袭击是系统的极端暴力，看似其发生往往是偶发或者捉摸不定，其实是极端势力、恐怖势力在战略、策略、战术层面的长远策划与图谋。

暴恐化的实质，是对现代社会的全面宣战，既以其所能的最极端方式袭击社会、政府目标，也完全抛弃了绝大多数普通民众认同的社会秩序规范所不允许的、合法的政治参与方式与渠道。恐怖主义与合法抵抗之间"只有一条细线区分二者，特别是当平民成为目标"，[2] 暴恐化让极端势力失去了政治合法性的最基本的前提。

（四）泛化、极端化、暴恐化的相互关系

泛化、极端化、暴恐化，是恐怖势力组织能量发展的三个阶段，是一种递进关系，泛化为极端化准备了条件，极端化是暴恐化的必要条件。这一线路成为当代恐怖势力组织形成的基本线路，也是打击恐怖组织反恐怖工作需要关注的基本思路。

泛化、极端化、暴恐化，是某种状态，三种状态可能会交叉、并存。在泛化普遍化的时期可能会出现极端势力甚至暴恐势力，而在极端化突出的阶段可能已经存在暴恐势力。

某一势力及其组织的极端化与暴恐化之间的转化，需要一定的条件，但一旦进入了极端化阶段，就具有了滑向暴恐化的重大风险。极端化阶段中相关势力非常容易分化，极端势力中的一些狂热分子一旦与组

---

[1] 《不列颠百科全书（国际中文版）》，中国大百科全书出版社1999年版，第16卷，第527页。

[2] Robert B. Satloff (ed.), *War on Terror: The Middle East Dimension*, Washington D.C.: The Washington Institute for Near East Policy, 2002, p. 8.

织的意见不合往往就易于分化组建暴力组织而暴恐化。

二、埃及恐怖组织的突出案例——埃及萨达特时期恐怖组织的成长

埃及是当代恐怖势力滋生的重要地区，埃及的恐怖势力成为"基地"组织的主干。"基地"势力又直接催生"伊斯兰国"势力。

（一）萨达特时期严峻的宗教泛化现象

萨达特执政后推动埃及的宗教泛化导致埃及社会出现了严重的宗教泛化现象，催生了极端主义、极端主义组织，致使当代恐怖主义在埃及滋生，并向全球扩散。宗教泛化的表现主要有：

一是，宗教活动的极度扩张。在萨达特时期，埃及的清真寺数量增加非常快。20世纪70年代后期埃及的清真寺数量达到4.6万座，而1970年时的数量是2.6万座，[①] 其中包括大量的私人清真寺及其非官方的阿訇，私人清真寺及非官方的阿訇是将宗教泛化向极端化准备的非常突出的隐患。这严重压制、冲击了科普特人的宗教活动，对科普特人宗教的言语攻击、财产与人身攻击不断升级。[②]

二是，宗教泛化在全社会展开。具有政府推动、宗教人士引导、民众参与的特征。当时，埃及社会各领域都受到宗教泛化影响，其中，高校校园成为泛化最激进的场所。

由于宗教泛化的持续，不少男子与妇女在服饰上注重或者回归传统宗教色彩的打扮，媒体中与伊斯兰宗教信仰相关的报道传播占据了大量的内容。

宗教力量强劲地向大学校园渗透，轻而易举地打入学生内部，控制了高校学生组织的领导权，控制了大批学生。在1974年至1977年间的大学重要选举中，政府都有意扶植伊斯兰宗教势力而打击世俗的青年学生力量。如开罗大学的医学院、工程学院等都聚集了巨大的伊斯兰力

[①] 雷钰、苏瑞林：《中东国家通史——埃及卷》，商务印书馆2004年版，第353页。
[②] 张金平：《中东恐怖主义的历史演进》，云南大学出版社2008年版，第92页。

量，这些学院在高校录取中的分数很高。大学生被宗教泛化影响后又成为宗教泛化的重要推动力量。

三是，宗教势力掌控着社会舆论工具，能够有效、广泛地向社会传播宗教泛化意识。如萨达特允许穆兄会组织举行集会、出版刊物。

四是，宗教成为法律的渊源之一。埃及在1971年宪法第二章中规定将伊斯兰宗教教法作为埃及宪法的来源之一，并作为国家立法的一个基础。萨达特还将"科学""信仰"并行作为国家建设基本指导。萨达特以国家最高法令和国家发展的基本指导原则推行宗教泛化。

(二) 泛化后埃及极端势力、恐怖势力膨胀

随着泛化的持续，埃及出现了严峻的极端化、暴恐化的现象，有这样几方面的表现：

一是，公开以宗教干预政治。宗教势力以宗教话语、宗教权威对国家政治重大问题发声，与政府对立。宗教势力既对国内社会发展政策向政府、总统提出激烈批评，也对埃及、以色列关系发展，伊朗国王去留等重大外交问题提出激烈的批评；这些批评的角度都是从宗教出发的，且对总统等政要发出人身威胁。极端势力的政治诉求不断膨胀，并在1980—1981年策划联合推翻萨达特政权，后因意见分歧未果。

二是，出现了一些突出的极端组织。埃及的伊斯兰组织在萨达特时期非常活跃，1979年起部分成员走向暴恐袭击。"圣战组织"在这一时期获得很大发展，不仅很多骨干分子出狱，而且还扩大了组织体系，参与军事技术学院的未遂政变。"圣战组织"向军队渗透很严重，并在1981年10月成功刺杀萨达特总统。20世纪70年代"绍基团伙"的建立人脱离穆兄会后组建团伙，在农村地区宣传宗教极端主义并得到政府官员的纵容。[①] 该组织在70年代就进行过一些暴力活动，到90年代针对警察的暴力袭击增加。

三是，一些恐怖势力获得了活动空间。在泛化的社会背景下，一些暴恐分子被释放出狱并在社会中重新聚合力量，实施暴恐袭击。"迁徙

[①] 涂龙德、周华：《伊斯兰激进组织》，时事出版社2010年版，第273—274页。

与圣战组织"的骨干分子在 1973 年被捕，1974 年 4 月大赦出狱，出狱后在上埃及进行暴力恐怖活动。1977 年 7 月，该组织绑架并杀害了埃及当时的宗教基金部部长，因为该部长严厉批评恐怖分子的极端主义理论。

（三）泛化为极端化提供的条件

在宗教泛化严重的社会环境下，极端主义及其势力具有很多滋生、膨胀的条件：

其一，合法的身份掩护。由于政府的支持，一些极端分子纷纷获得合法身份，或者允许从国外返回、或者被释放、或者因极端活动再次被捕后遇到大赦而获得活动自由。在宗教泛化的环境中，这些人很容易找到合法的工作和社会身份，为其进行极端活动提供掩护。

在宗教势力向高校渗透的过程中，政府给予多种支持，包括给宗教人士进入高校课堂提供合法性，极端分子也易于混迹其间。

其二，民众的支持与有利的社会氛围。在宗教泛化的宣传下，埃及整个社会对社会现实中的重大挫折特别是与以色列战争中的屡屡惨败、社会经济发展迟滞、社会问题堆积等问题的解决，不是向现代社会发展理念、方向中寻求答案，而是沉浸于对历史传统的光辉怀念，幻想通过宗教的回归而恢复昔日的光荣、摆脱现实中的困境。在这样的社会氛围中，极端主义很容易被认同，现代社会理念则越来越被排斥。

在民众公共活动、高校校园、媒体宣传及政府行为中，都有宗教泛化的强势存在。这给极端主义在这些场所、环境中活动提供了空间。而宗教场所影响力的增加使其越来越独立于政府的管理，清真寺及其附属机构也被极端分子便利地利用。

其三，为极端组织提供多层次的丰富的人力资源。由于民众受到宗教泛化的深入影响，极端势力就易于在普通民众中进行蛊惑、招募；而宗教泛化在大学校园的强大影响下则为极端势力储备了大量的专业人员，如技术学院、军事学院的一些大学生后来就走上了暴恐道路，大学生一旦将宗教泛化与政治激情结合很容易产生强烈的极端主义冲动。宗教泛化导致埃及各行各业都充斥着专业性突出的、社会地位较高的、具有很强经济实力的宗教泛化倾向突出的专业技术人员。

三、"基地"组织的暴恐化道路

"基地"组织是当代全球性的恐怖势力,其组织的暴恐化线路也具有典型意义。经过长期的极端化,该势力聚合了巨大的组织能量,在1998年走向了暴恐化。

(一)阿富汗反苏战场的极端主义

"基地"组织是在阿富汗战场聚合起来的,这一组织自一开始就具有典型的极端主义特征,其极端主义环境是阿富汗战场。

其一,美国等国家助长宗教极端主义。美国等国家动员阿拉伯世界的人来阿富汗参加对抗苏联的战争时,鼓励、支持、认同相关势力、人员的宗教极端主义动员话语,宗教极端主义作为对抗苏联的突出"旗帜"。国际社会利用、默许了极端主义旗帜在阿富汗的强化,以作为削弱苏联在阿富汗基础的一个思想工具。

其二,"阿富汗阿拉伯人"普遍极端化。国际社会将在阿富汗战场长期活动的阿拉伯人称之为"阿富汗阿拉伯人"。这些人大多在进入阿富汗前思想就已经极端化了,特别是骨干分子和组织者;或者进入阿富汗后被有意识地极端化。经过自埃及以及阿拉伯其他国家到阿富汗战场长期的极端化,这些人员的极端化思想被强化、思维被固化。

其三,极端化的组织程度大大加强。为了适应战争的要求,聚合在阿富汗的极端分子在组织建设上有了全方位的提高,包括较大规模的集体行动、小团体活动等行动的组织化协调能力,都比此前有了重大完善。在本国时这些极端势力大多处于秘密状态,在阿富汗的公开活动为其组织能力建设提供了新的环境、新的经验。

来自阿拉伯世界不同地区的极端分子,在阿富汗战场相互认识、长期相处,相互之间的熟悉程度有助于建立某种深入、持久的组织联系,甚至相互之间相处多重亲属、连带关系,就会在个人情感上形成非常密切的关系而相互依赖。

其四，暴力极端手段大大提高。在阿富汗战场的活动中，极端分子熟悉了各种武器的使用。美国在阿富汗战场投入了各类大量的武器，包括一些先进武器，或者适用于正面战场的对峙、或者适用于突击行动。

极端分子还在阿富汗受到了暴力行动的情报收集、反侦察能力等方面的训练，使得这些极端分子非常熟悉美国与西方、沙特、巴基斯坦等国家的情报思维、情报工作机制，自然大大增加了针对相关国家实施暴力袭击的情报能力。极端分子还掌握了与暴力活动、暴力情报相关的高科技如网络、大规模杀伤性武器的相关技术。

（二）"基地"极端势力的组织化

1986—1989年，依托"阿富汗阿拉伯人"为基础的本·拉登的"基地"组织经历了三个方面的发展。

第一，以培训基地的形式形成了独立的组织。本·拉登在1982年第一次到阿富汗，参加抗击苏联的活动。1984年后，他在巴基斯坦拥有了固定的活动场所。1986年起苏联在阿富汗的战事每况愈下，反苏阵营出现了分化并开始形成一系列独立势力。为了保障活动顺利进行，本·拉登在1986年底到1987年初阿富汗东部的独立武装培训基地培训极端分子。到1988年培训基地发展到10个，其培训的极端分子与苏联进行了五次大规模战斗，以及百余次零星战斗。在阿富汗的极端武装中，本·拉登训练基地的成员有很强的战斗力，声名鹊起。

第二，以"培训基地"为形式的该类型的组织，形成两个突出的组织内聚力。本·拉登以"培训基地"形式形成的力量还具有很强的组织内聚力。一方面，其成员认为自己是"培训基地"的人；另一方面，形成了正式的组织联系。为了保障与基地培训出来的人员间的有效联系，本·拉登势力为"培训基地"培训出来的人员组建了较为正式的个人档案，其组织联系更加规范、有序。

第三，"基地"组织的人数在1989年后有很大增长。1989年底，在阿富汗组织抗击苏联的极端武装分子的"精神领袖"阿卜杜勒·阿扎姆被炸身亡。其领导的组织发生了分裂，一部分极端分子加入了本·

拉登的组织。

本·拉登以"培训基地"为形式组建的组织，注重两个"统一"：一是，组织内部的统一性，包括人员联络的统一性，其档案整理就是一个重要表现；二是，组织终极目的是"统一所有的穆斯林建立伊斯兰教政权"。但1989年后阿富汗局势发生了巨变，本·拉登本人也离开了阿富汗，其极端主义组织面临何去何从的抉择。

（三）"基地"组织1989—1998年之间的组织变化及暴恐化

"基地"头目及其成员离开阿富汗后，该组织的发展面临两个重大选择：

一是，是继续还是放弃其极端主义的目标。如果放弃极端主义，那么应该如何融入现有社会秩序？如果继续极端主义，应当选择什么样的直接目标及其手段？

二是，组织如何运作并选择有保障的活动中心。如果分散活动，如何统一组织运作？如果集中行动，如何能够寻求一个可靠的活动中心？

对于第一个问题，"基地"势力几乎没有任何放弃其极端主义目标及其活动的考虑，极端分子融入社会秩序是很难做出的一个选择，主要的原因是其极端主义在作怪。"基地"势力主要考虑的是，将极端主义近期针对的目标选择为本土政权，还是美国等国际目标？

事实证明，选择本土目标即具体某个国家作为"基地"极端主义近期针对的目标不现实，在阿富汗各派力量都不欢迎外籍极端武装分子，这些极端武装分子不会为任何派别所用；在科索沃，战争结束后这些极端武装分子没有存身、实现其极端政治目标的余地；1995年行刺埃及总统事件后，苏丹也认识到"基地"势力的极端主义威胁，随之疏离并驱走了该势力，"基地"难以在苏丹有所作为；沙特政府对本·拉登势力一直非常警惕，对本·拉登严加约束，在本·拉登逃离沙特后沙特政府冻结了他的资产、取消了其国籍等，本·拉登在沙特也难有作为；埃及政府则长期保持对极端武装分子的高度警惕，1995年总统遇刺后更是加大了在国际社会打击极端主义的合作力度，1997年7月埃及的"伊斯兰组织"单方面宣布与政府停火并发起暴力活动，在埃及实施极端活动的空间越来越小。

由于与美国的关系僵化，受到在索马里等地对美国打击的一些成功行动的鼓励，以及在阿富汗战场击退苏联后产生的"也能够在某种程度击败美国"的幻想等历史和现实原因，本·拉登及其"基地"势力选择了将美国作为极端主义打击的主要目标，选择了国际化的极端主义目标。1998年2月，本·拉登与埃及、巴基斯坦、孟加拉国的极端组织头目组建了打击美国与西方的极端主义阵线。1993年"基地"势力在索马里参与了针对美国军队的武装袭击，1995年在沙特制造了针对美国驻军的爆炸袭击。在1998年之前，与"基地"有联系的极端分子制造了1993年美国世贸中心爆炸案，但直到1998年8月7日东非大爆炸，"基地"势力才正式拉开了暴恐活动的黑幕。

"基地"成员1989年离开阿富汗后四处寻求暴力活动、组建活动中心的机会，在科索沃、索马里、苏丹等地都尝试过，最后本·拉登及其组织成员回到阿富汗，1996年9月—2001年10月间在阿富汗组建了活动中心。

在组织发展上，"基地"有这样几个方面的活动：首先，"基地"以其在阿富汗形成的组织人员为中心并招纳了一些新成员，埃及的主要恐怖组织头目扎瓦赫里成为"基地"的核心成员；其次，与世界各地的极端武装势力合作，如与科索沃、索马里等地的极端武装分子一起活动；再次，依靠基地培训工作、人员的联系与东南亚、中亚极端组织、恐怖组织组建联盟，最突出的是与东南亚的"伊斯兰祈祷团"、中亚的"乌伊运"等的合作；最后，与全球突出的极端组织组建"联合阵线"，如1998年2月形成的阵线。

解决了两个问题后，"基地"极端组织走向了暴恐化，成为典型的恐怖组织。其主要的暴力活动是恐怖袭击而非此前在阿富汗战场、科索沃战场、索马里战场的武装袭击。

四、极端组织暴恐化的条件

极端组织走向恐怖主义，其条件是一组张力：一方面，经过泛化、极端化阶段的积累，极端势力聚合了很大的组织能量，其极端主义目标同步膨胀，在社会、政治领域不断提出更加狂妄、极端的目标。另一方面，与此相对的是，国家及其政府、国际社会经过对泛化、极端化现实的反省，对极端势力提出的更加极端的目标有了高度的警惕，经过对极端势力猖獗的活动包括其暴力活动，对极端主义的挑战能力及其风险有了较为清醒的认识，因而开始限制极端主义势力的活动，极端主义在国际社会的活动空间受到较为明显的压缩。一方面膨胀，一方面压制（压缩），在这一组张力下，极端主义在暴力手段上进一步极端化，以大规模的、全面的恐怖暴力活动追求其极端主义目标，走向暴恐化。

（一）极端主义两个方面的膨胀：极端目标、组织能量

萨达特时期埃及的极端势力、苏联入侵阿富汗时期的"阿富汗阿拉伯人"势力，其组织能量的膨胀是惊人的：其组织规模、网络、人员大幅度扩展与增加；其组织能够公开活动甚至获得国家与政府的支持、并在社会的很大范围具有突出的影响力；极端势力（组织）具有较为充裕的活动资金、较为稳定的资金筹集渠道；其极端主义在社会形成了重大影响力，其一系列主张形成了一定的社会声势；其暴力活动能力、手段，在经过专门培训、现实暴力活动中的经验积累之后，在暴力工具使用、暴力袭击策划等方面都非常娴熟。

在极端目标方面的膨胀，往往超越了其组织能量的膨胀速度。埃及极端势力在控制了宗教场所、高校校园、社会活动诸多方面后，不再满足于在国内获得、拥有容身之处，而是迅疾、狂暴地将目标转向政治领域，不但干预国家在战争、和平方面的重大决策，还图谋颠覆政权；在参与方式上，不再满足于拥有公开的发声渠道、公开的政治参与渠道，还不时、不断寻求暴力挑衅手段。"阿富汗阿拉伯人"及"基地"组织势力在阿富汗击败苏联后，不断地试图在科索沃、索马里等地寻求新的暴力战果的突破，在针对一些国家政权的挑衅失败后竟将在全球击倒美国等西方势力作为其极端目标。虽然其极端主义组织能量在不断积累，但其极端主义目标追求似乎远远超越了其组织能量积累的速度。

极端主义目标膨胀的逻辑，依据三个基础：一是，极端主义本身的

逻辑，即不断地极端化、更加极端化、无限地走向新的极端。期待极端主义自动停止其进一步极端的方向、脚步，似乎是与虎谋皮。二是，经验逻辑，已经取得的极端目标、已经获得的活动空间（包括国家与政府的支持），成为鼓励极端势力进一步膨胀其野心的惯性思维，极端主义认为其达到的新的极端目标、获得进一步的支持及活动空间是一种"自然的"毋庸置疑的"必然"结果。三是，其组织能量积累、膨胀逻辑，在最初其组织能量较小时，该势力追求的是一个个极端目标，在组织能量获得较大的积累与突破后，极端主义势力对其组织能量的估量依据的是一种极端逻辑，即最极端化地利用其组织能量、发挥其能量。

极端主义势力在没有遇到强有力的遏制、打击时，绝不会停止其进一步极端化；半心半意的遏制举措，不但不能遏制极端主义，反而会让其走向暴恐化。

（二）极端主义目标追求受到挤压

极端主义目标追求受到挤压，需要从两个方面理解：一方面，由于极端势力的膨胀及其嚣张气焰、极端目标，引起了国际社会与国家政府的警惕，对其行动、极端目标有所限制；另一方面，相对于其极端目标的进一步扩张所需要的资源而言，极端势力感觉到现有的、已有的社会资源、社会支持是不够的。

对于极端主义的危害，各国在一般意义上都具有安全防范意识。阿富汗各派军阀对极端武装分子基本是敬而远之，美国在苏联从阿富汗撤军后疏远了"阿富汗阿拉伯人"，并在一定程度上关注这股力量在全球的活动。西亚北非各国对这股势力回国保持了高度警惕，或者拒绝相关人员返回、或者对回流的相关人员加以活动限制，如沙特对本·拉登的限制。

虽然国际社会与国家政府能够在一般意义上认识到极端主义的危害并有所限制，但对其走向暴恐化的巨大危险的认识是逐步提高的，往往不能在恐怖势力走向暴恐化之前对其暴力活动有清醒的认识，不能实施坚定的打击行动。虽然萨达特政府认识到了极端主义势力的威胁并在1981年9月2日实施了大抓捕，共抓捕了1500多人，其中包括很多宗教极端分子，但萨达特的行动远远不足以遏制膨胀起来的恐怖势力及其政治野心。沙特对本·拉登的防范举措也没有能够阻止其逃离，美国直到1998年后对这股恐怖势力的打击也只是实施了一些远程打击、外交施压，没有真正考虑打击"基地"组织的核心实力。

的确，在极端势力走向暴恐化之前实施严厉打击是不容易的。这有认识上的不足，即对极端势力滑向暴恐活动的认识不足，对极端势力抱有一定的幻想。也有政策上的风险，在没有成为事实之前予以严厉的打击，对其政策设计、社会舆论应对、法律规范考虑等都有相当大的挑战。应该这样理解，只要国际社会及国家政府对泛化（任何类型的泛化）没有清醒的认识而纵容、默许泛化的泛滥，其阻止极端化的工作压力就会非常大，阻止极端化比阻止泛化的政策与工作难度要大得多。而一旦对极端主义的扩张不能有效阻止，则防范极端势力走向恐怖主义要比阻止泛化向极端化演化更加困难。

国际社会及国家政府的认识不足、打击不足，既不足以遏制极端势力及其野心的膨胀，也不足以防范极端武装分子向恐怖暴力道路的转化。因为极端势力既感到其极端目标、野心的膨胀在一定程度上受阻，又对自己膨胀起来的组织能量抱有幻想——其长期聚合的组织能量基本没有受到打击。

（三）当代恐怖势力生成线路的普遍性及特殊性

泛化、极端化、暴恐化，这一恐怖势力及其组织生成的路径，对于当代恐怖主义来说具有普遍意义，当代主要恐怖组织都经历了这个路径。

当前世界恐怖活动比较剧烈的地区，都经历过泛化、极端化、暴恐化的路径。曾经发生过两次巴厘岛重大恐怖袭击的印度尼西亚，长期存在宗教极端势力。恐怖活动持续而频繁的索马里自20世纪90年代以来也迅速地经历了宗教的泛化、极端化，在国际社会不当的干预下形成了巨大的恐怖势力。

以阿富汗战场为中心，极端主义实现了向全球扩散。来自阿拉伯世界多地的极端分子在阿富汗进一步暴力化、武装化。显然，阿富汗战场将世界各地的极端分子进一步极端化,而这些极端武装分子在 1989 年后在世界各地流散,推动了各地的极端化,特别是对中亚几个前苏联加盟共和国的影响更大。

伊朗伊斯兰革命传递的宗教政治化、阿富汗战场聚合的极端分子及其极端主义、埃及在 1979 年与以色列和谈后刺激极端主义的膨胀,似乎在 1979 年这个时间点交汇在一起。而国际社会在当时对极端势力膨胀、极端势力的暴恐化威胁,似乎没有太多的认识。美国、沙特等力量还在借用这股力量,而苏联可能根本没有想到宗教极端主义力量在阿富汗的聚合会挑战其霸权主义、国家的核心安全。

2017 年 12 月后,"伊斯兰国"武装分子向全球各地的回流进入新的阶段,世界各国对极端主义危害、恐怖暴力袭击风险的认识,比起 1989 年来要清醒得多。但 2011 年初"伊斯兰国"势力前身在叙利亚开始活动时,国际社会依然轻视了其危害性,并为其势力发展、膨胀提供了不少机会。2017 年 12 月后,国际社会防范"伊斯兰国"以及全球恐怖分子所掀起新一轮暴恐活动的工作,依然具有挑战性,国际社会的认识不足往往给暴恐活动提供条件。

第二节　恐怖组织突破第三节点后的走向

在恐怖势力处于第一能量与第二能量节点之间,国家政府与国际社会需要对恐怖势力及其组织进行持续的打击,有效消耗、遏制其组织能量。国家政府与国际社会在实际反恐行动中往往能够击溃恐怖组织包括大型的恐怖组织,但把握恐怖势力被击溃后的走势,确是一项很难的工作。

一、向合法政治参与转化

有两个作为下属政治力量的武装组织,一度并行采用武装活动与暴恐袭击策略，随着其政治组织的地位、力量的变化，放弃了恐怖暴力策略而转入合法化的政治参与。

（一）两个组织的转化

"民族之矛"是"南非非洲人国民大会"下属的武装组织，主要进行反对种族隔离的武装活动，在一些时期也进行过一些恐怖暴力性质的袭击，如1982年1月针对开普敦附近核电站的袭击、1982年实施的抢劫银行绑架人质的事件、1986年6月针对德班一个酒吧的袭击，都是针对平民的。1990年8月"南非非洲人国民大会"正式宣布放弃武装斗争，之后"民族之矛"也停滞了暴力活动特别是恐怖性质的袭击。1994年4月大选前南非发生了重大的恐怖袭击，[①] 大选结果也遭到网络恐怖主义性质的攻击、篡改，[②] 但大选后"南非非洲人国民大会"成为执政党，南非各类恐怖活动都平息下来。

哈马斯是一个政治、社会、武装组织，其下属的武装组织"卡桑旅"在巴以和平进程开始后实施了一系列具有恐怖暴力性质的袭击，主要手段是自杀式袭击，主要目标是以色列平民。哈马斯在2005年正式宣布参加巴勒斯坦立法委员会选举，2006年1月哈马斯在选举中获胜。4月，哈马斯正式宣布放弃自杀式袭击暴力活动，之后"卡桑旅"停止了恐怖袭击，但仍然持续保持武装活动。埃及认为"卡桑旅"与埃及西奈半岛的恐怖活动有关联，2014年3月禁止哈马斯在埃及的一切活动。2015年1月埃及将"卡桑旅"列为恐怖组织。[③]

（二）转向合法政治参与活动的条件

这两个实施暴恐活动的组织能够走向合法政治参与，具有这样几个条件：

一是，这两个组织都受到政治（政党）组织的严格领导，一旦政

[①] 南非大选前的1994年4月24日，在距离非国大总部200米处发生了汽车炸弹爆炸，是约翰内斯堡最大汽车炸弹爆炸事件，导致8人死亡、70多人受伤。

[②] 闫宇：《南非1994年大选结果曾遭黑客篡改》，国际在线，2010年10月26日，http://news.cri.cn/gb/27824/2010/10/26/5105s3034049.htm。

[③]《埃及法院判决哈马斯下属武装派别为恐怖组织》，《人民日报》，2015年2月2日，第21版。

治（政党）组织决定参与合法政治活动，就会严格接受政治（政党）组织的意见、领导。

二是，这两个暴力组织的极端目标是有限的，在政治上的目标都是世俗的而非颠覆现代社会理念与秩序的，且能够将政治目标界定在一定的范围内而非无限狂妄，其恐怖暴力目标也是有限的，其实施暴恐袭击的目标在一定的地域、人员范围，也并非将暴恐袭击作为唯一的、主要的暴力手段，这两个组织在大多数情况下主要采取武装对峙等活动。

三是，有利的政治参与条件，两个组织所在的政治（政党）组织能够获得政治参与的较为顺畅的渠道，也能够接受政治参与渠道的条件约束。

（三）进一步稳定的条件

"民族之矛"与"卡桑旅"不是典型的恐怖组织，但却是一种特殊的类型而具有典型意义。这一类型的恐怖组织，其转向合法化政治参与之后，也基本保持了稳定，很少反复。即使是 2015 年 1 月埃及将"卡桑旅"宣布为恐怖组织时，其宣布的理由也是与西奈半岛的一些恐怖活动有关联，而非该组织直接实施了恐怖暴力袭击；在巴勒斯坦地区，该组织严格摒弃了暴恐袭击手段。

这一类型的恐怖组织，能够在走向合法化政治参与之后保持稳定而没有重大反复，有两个突出的条件：一是，国家政治秩序保持了基本稳定；二是，其所在的政党组织保持了合法化政治参与的基本稳定策略。

二、向极端主义政权转化

恐怖势力及其组织有可能在动荡的社会、政治环境中凶猛地聚合组织能量而导致其暴力能力与政治野心急剧膨胀，从而走向极端政权。这一走向的典型代表是"伊斯兰国"势力。

（一）"伊斯兰国"组织性质的转化

2013 年 4 月 9 日，以伊拉克恐怖分子为核心的恐怖势力纠合叙利亚以及其他地区、国家的恐怖分子宣布组建"伊拉克和黎凡特伊斯兰国"（ISIL，ISIS），该势力扩张之后在 2014 年 6 月 28 日宣布组建"伊斯兰国"。这一由恐怖分子为核心组建、扩展的组织，其组织性质已经超越了恐怖组织，成为极端主义政权性质的势力。其性质转化有这样几个表现：一是，公开控制了大片地域，不仅在这些地域公开活动，还事实上进行极端统治。在这些地区，"伊斯兰国"已经实现了其极端政治目标。二是，暴力活动形式发生了重大变化。恐怖暴力袭击的能力大大增加，实施暴恐袭击的范围扩大了特别是国际范围扩大了，暴力手段更加残暴而多样化；但暴恐袭击在这一时期不是该势力主要的暴力活动，大规模武装攻势成为该势力的主要暴力形式，具有正面战场作战的性质。三是，该势力的极端政治目标进一步膨胀，妄图在世界范围内建立庞大地域的极端政权，其地域以西亚北非为中心向全球辐射。四是，其影响力在全球迅猛扩展。该势力既从全球范围获取资源包括招募人员、筹集资金，也向全球输出其极端主义包括暴力极端分子及暴力极端手段、暴恐袭击浪潮等。

（二）"伊斯兰国"组织性质转化的条件

影响力的外在条件被该恐怖势力利用而促成其组织性质转化，其组织能量一度突破了第三节点。这些条件包括：

一是，恐怖势力在伊拉克、叙利亚等地的长期存在，且与国际恐怖势力有很深的勾连，当地区动荡为恐怖势力聚合、扩张提供条件时，地区恐怖势力与全球恐怖势力能够迅速整合其长期积蓄的力量。

二是，2011 年以来西亚北非地区的安全、政治、社会动荡环境，成为"伊斯兰国"势力突起的核心外在条件，该势力在大面积、多领域、长时期的动荡中，能够浑水摸鱼。

三是，全球范围内广泛存在的泛化、极端化群体与现象，支持了"伊斯兰国"的突起，为其活动提供了全球空间。"伊斯兰国"借助泛化、极端化的群体在全球聚合资源、组织恐怖袭击。

四是，国际社会对恐怖势力的认知不足及其战略误判。国际社会对恐怖势力聚合资源的能力认识不足，轻视了恐怖势力的突起能力，没有能够提前防范，甚至还幻想借重该势力打击牵制对手，在其突起后的打击行动也不积极。

（三）"伊斯兰国"组织性质再次转化及其走势

2017年12月以来，"伊斯兰国"组织再次走向恐怖组织形态。"伊斯兰国"组织虽然能够在叙利亚进行零星的武装袭击活动，但总体而言已经丧失实施大规模武装活动的能力；该组织的成员向世界各地扩散，掀起新一轮恐怖暴力袭击高潮。

当"伊斯兰国"以极端主义政权形态与当代世界的发展方向对峙时，各国就在打击"伊斯兰国"力量上具有了基本的共识，当代世界不能允许"伊斯兰国"势力以极端主义政权的形式存在。在国际社会多方打击下，该势力不可能长期维持其极端主义政权的形态。

但"伊斯兰国"也绝非简单地回到了2013年之前的恐怖组织。经过2013年以来的活动，其组织能量有了极大的膨胀，虽然在2017年12月后由极端主义政权形态再次成为恐怖组织，但其恐怖活动的组织能量与2013年之前不可同日而语，该势力已经由伊拉克一个地区的、作为"基地"组织一个分支的组织演变成为一个全球性的、具有全球恐怖活动示范作用的国际恐怖组织。

（四）"伊斯兰国"现象的历史记忆及其风险

作为极端主义政权形态的"伊斯兰国"，即使在被击溃后也会对当代恐怖主义全球活动产生深远的影响，特别是会成为恐怖势力的某种"历史记忆"：一是，在极端暴力手段上的"历史记忆"，会推动全球恐怖势力不断地追求突破恐怖暴力袭击而寻求大规模武装攻势的可能性。二是，在极端政治目标上的"历史记忆"，会刺激全球恐怖势力更加狂妄地寻求暴力"建国"的可能性，包括多种形式的"建国"活动。事实上，在2011—2012年，"基地"组织恐怖势力在也门西南部也短期实现"建国"，伊拉克恐怖势力在2006年占领一个小镇后也曾宣布"建国"。组建极端主义政权是恐怖主义的终极目标，"伊斯兰国""建国"的历史记忆会助长恐怖势力对这一终极目标更加狂妄。三是，"伊斯兰国"政权培育、熏陶出来的数量众多的极端暴力分子扩散到世界各地，将极端暴力与极端政治两个"历史记忆"也带到世界各地。四是，这些"历史记忆"会被恐怖势力恐怖分子不断强化，恐怖主义的逻辑也被无限地极端化；被强化的"历史记忆"，既刺激恐怖组织，也会刺激自我极端化的"独狼式"恐怖分子。

第四章
当代恐怖主义浪潮

　　当代以宗教极端主义为核心的恐怖活动，与此前世界恐怖活动有重大的时代差异，其极端主义思想的内容、暴力行为、其波及范围的广度及深度、其组织形态及组织生命周期以及当代世界对恐怖主义的认识过程，都具有当代恐怖主义浪潮的时代特征。从时空视野可以更清晰地认识当代国际恐怖主义的全球现象。历史时间段的选择，是国际恐怖主义分析的基础，"一切存在的基本形式是空间和时间。"[①] 地域空间关联的广度和深度，是国际恐怖主义发展的重要方面，当代国际恐怖主义越来越超越国家边界以及任何其他文化、自然地理和人群等的边界。[②]

　　在本书中，将恐怖主义浪潮、恐怖活动浪潮做了区分。恐怖主义浪潮，指一波具有时代特征的，包含突出极端主义理念，具有完整的该极端主义恐怖势力生成、膨胀、失败等完整周期的恐怖活动，如近代无政府主义恐怖浪潮等。恐怖活动浪潮（或者称之为恐怖活动潮），指恐怖主义浪潮某个阶段中各恐怖暴力袭击频繁而凶猛的恐怖活动时段，如"9·11"事件后推动的一波恐怖活动潮、当前国际恐怖分子全球回流形成的恐怖活动潮等。"所有定义都只有有条件的、相对的意义，永远

---

　　① 恩格斯：《反杜林论》，人民出版社1972年版，第49页；《马克思恩格斯选集》第三卷，人民出版社1995年版，第347页。
　　② Ulrich Beck, "The Terrorist Threat: World Risk Society Revisited", in *Theory Culture Society*, 2002, 19; 39 p. 41.

也不能包括充分发展的现象及一切方面的联系"，① 概念常是旧的，定义则不时更新。随着对事物认识的不断加深，定义就需要相应的修正，甚至形成新的定义，② 对"恐怖主义浪潮""恐怖活动浪潮"的区分，只是试图在本书行文中形成某种参照意义。

当代恐怖主义浪潮形成了一个持续、起伏活动的浪潮，可分为三个阶段。第一个阶段，自1981年10月埃及总统萨达特遇刺到1998年8月东非大爆炸；第二个阶段，自1998年8月到2011年5月"基地"组织分支势力在也门南部宣布"建国"；第三个阶段，自2011年5月至今。理解当代恐怖活动的起伏及其阶段，是深入把握当代恐怖主义演化走势的基本需要。

每个阶段的恐怖主义浪潮，都具有相同的极端主义并由此决定暴力袭击的手段、目标等的选择，虽然恐怖势力在几个阶段中可能会呈现出不同的组织及组成特征，但其组织演变都具有一定的连续性。因此，本书在每个阶段，主要分析四个要素：极端主义理念的一些具体变化及其极端目标的变化，暴力袭击手段及其目标（选择）的变化，恐怖组织力量的演化，地域范围的变化及其全球特征。

第一节 当代恐怖主义的形成与扩散

从1981年埃及萨达特总统遇刺起，当代恐怖主义正式进入大规模恐怖暴力袭击的阶段。但在1981年之前，恐怖势力就在聚合了，而在1981年之后，全球恐怖势力进一步聚合。无论是极端主义，还是极端暴力活动，都在这一阶段在全球多地急速聚合，这是本阶段恐怖活动的第一个突出特点；但国际社会在这一时期却对恐怖势力的聚合认识不足，给恐怖势力组织能量的聚合提供了巨大的时机，这是本阶段恐怖活

---

① 《列宁全集》第二十七卷，人民出版社1985年版，第401页。
② 金炳华主编：《马克思主义哲学大辞典》，上海辞书出版社2003年版，第583页。

动的第二个突出特点。

一、恐怖势力的形成

这一时期，显性的、隐性的恐怖势力及其组织在各地纷纷出现，并形成了多个活动中心。

（一）重大恐怖势力的形成

其一，埃及是这一时期恐怖势力组织化最突出的地区。很多恐怖组织就是在这一时期形成的。埃及"伊斯兰解放党"（"伊扎布特"）在1973年创立起始就主张极端暴力活动，1974年4月在埃及策划实施了进攻军事学院的暴乱。"赎罪与迁徙组织"骨干分子在20世纪70年代出狱后进一步极端化，1977年10月该组织绑架杀害了宗教基金部长，因为该部长严厉批驳该组织的极端思想；1986年该组织分化后，恐怖分子实施了三起暗杀事件，在1987年9月该组织被捣毁。

埃及"圣战组织"的一些人员在1973—1974年加入过埃及"伊斯兰解放党"的活动。"圣战组织"人员参加了第四次中东战争，并借此机会向军队渗透，此后该组织借助在军队中的恐怖分子暗杀了萨达特；该组织还印刷了出版物，鼓励以暴力颠覆世俗政权及其秩序；该组织是分散的一个个小组，70年代与穆兄会的联系很密切，在上埃及积蓄了很大的力量，行刺萨达特后在上埃及发动暴乱；80年代，该组织又策划了一系列的劫狱事件，特别是1988年的"塔拉越狱"事件影响很大，导致一大批恐怖分子越狱后组建新的恐怖团伙；90年代，该组织实施了多起针对政府官员的恐怖袭击。1997年后，受到埃及"伊斯兰组织"宣布停火的影响，"圣战组织"的一些领导人也宣布与政府停火、继续力量等待"解放"耶路撒冷，但"圣战组织"中的一些团伙继续暴恐活动并与"基地"组织加强联系，如扎瓦赫里领导的"圣战"小组。

埃及的"伊斯兰组织"在20世纪70年代成立后就有一部分力量提出暴力活动。在萨达特遇刺后，上埃及的"伊斯兰组织"进一步滑向恐怖暴力。该组织在大学、小清真寺的影响力很大。90年代初，该势力开始了新一轮暴恐活动，一部分从阿富汗返回的极端暴力分子、出狱的暴恐分子是主力，主要袭击目标有三类：一是政府目标，包括政府要员和军警目标，突出的事件有 1995 年 6 月针对总统的袭击；二是针对游客的袭击，1992—1997 年间发生了 40 多起，突出的是 1997 年 11 月的卢克索惨案，60 余名外国游客和埃及人当场遭枪击死亡；三是针对埃及科普特人的袭击，其形式包括群体性暴力冲击、毁坏财物、劫持人员等，该势力指责科普特人为西方的代理人、异教徒[①]。此外，该势力还试图国际化，制造了 1993 年纽约世贸大厦的爆炸袭击。

其二，阿尔及利亚恐怖势力迅速膨胀。阿尔及利亚在 1992 年 2 月进入紧急状态后迅疾陷入暴力动荡之中，恐怖势力也乘机猖獗活动，1992 年 6 月国家最高领导人遭到暗杀。之后，阿尔及利亚出现了众多的暴力团伙，"伊斯兰武装组织"是恐怖势力的代表，是武装组织分化重组的结果，其核心力量是从阿富汗战场返回的阿尔及利亚极端武装分子，1997—1998 年间，"伊斯兰武装组织"制造的恐怖袭击导致数千平民死亡。该组织在 1993—1994 年获得很大发展，1997 年从中分离出"萨拉夫宣教与战斗组织"，导致"伊斯兰武装组织"在 1998 年发生重大分裂，"萨拉夫宣教与战斗组织"后来与"基地"组织势力勾结组建"基地"马格里布分支。

其三，黎巴嫩恐怖组织的特点。黎巴嫩这一时期的恐怖活动比较频繁，实施恐怖袭击的组织主要是政治—武装组织的一些下属武装小组。国际社会往往将这类下属武装小组与其整体政治组织相混淆。

其四，车臣、中亚恐怖组织的出现及其特点。1995 年 6 月后，车臣地区出现了恐怖团伙。1994 年 12 月，恐怖分子就混进集会的人群制造恐怖袭击，对俄罗斯施压；到 1995 年 6 月，车臣恐怖分子制造了布琼诺夫斯克人质事件，造成 120 多名人质丧生；俄联邦当局向车臣恐怖势力妥协，停止在车臣境内的一切军事行动。

车臣恐怖团伙的成员经历过严格的军事训练，很多成员有正规军队

---

① Mahmud A. Faksh, The Future of Islam in the Middle East: Fundamentalism in Egypt, Algeria and Saudi Arabia, London: Praeger publisher, 1997, p. 49.

服役的经历，能够实施小股突破性袭击，能使用现代化武器，并善于制造大规模恐怖袭击事件，如莫斯科剧院、别斯兰事件等。车臣恐怖组织往往按地域划分，恐怖组织还拥有大量潜在的后备力量；由同一村庄的居民组成所谓的"小分队"，或是由同一地区的居民组成更大的团伙，在地理熟悉的地区作战具有优势。

中亚的恐怖势力从1991年后迅速形成。1990年初乌兹别克斯坦出现极端组织，1991年12月当地发生了武装暴乱，到1996年乌兹别克斯坦恐怖势力汇合中亚、阿富汗等地的恐怖分子组合成"乌伊运"恐怖组织。塔吉克斯坦的恐怖组织"伊斯兰复兴运动"在1993年出现后就不断地在边境地区实施武装袭扰，并在1997年行刺总统。

（二）隐形的恐怖势力的聚合

其一，索马里极端势力聚合、膨胀。1991年，索马里政府被颠覆，开始了内战，产生了大量武装派别，整个国家陷入无政府状态。国际社会的干预不但没有稳定索马里局势反而让局面更加混乱。联合国维和部队在1995年全部撤离后，索马里的内战加剧、社会与政治秩序一片混乱。这时，各地逐步自发形成了一些维护地方社会秩序的"伊斯兰法庭"，这一宗教社会化的组织不断扩展、汇合，在2004年形成全国性的政治组织，并在2006年击败各派军阀，控制了索马里东部和南部包括首都摩加迪沙在内的大部分地区。而2008年后采取暴恐袭击手段的"索马里青年党"就脱胎于"伊斯兰法庭"势力。

其二，印尼极端势力"伊斯兰祈祷团"的力量聚合。20世纪70年代，印尼总统大力扶持伊斯兰势力，"伊斯兰祈祷团"的骨干分子在国内大力创办经文学校、宣传极端主义。宗教极端主义势力在遭到政府的打击后向国外转移，在马来西亚创办经文学校，也向阿富汗输送极端武装分子并与"基地"组织的武装势力建立了联系。在这一时期，印尼极端势力公开了"伊斯兰祈祷团"组织。在苏哈托政权垮台后，该组织领导骨干返回国内，并在1999年更换领导层后迅速走向暴恐化。

其三，菲律宾极端势力的聚合。菲律宾几个重要的极端势力、恐怖势力都是在这一时期出现的，"摩罗民族解放阵线"在1968年成立，

"摩罗伊斯兰解放阵线"在 1984 年成立，更为极端的并在 1998 年 12 月后转向暴恐化的"阿布萨耶夫组织"也是在 20 世纪 80 年代中期由七个极端武装团伙组合而成的。这三个组织都具有极端主义倾向，特别是 20 世纪 80 年代出现的两个组织的极端色彩非常浓厚。

（三）恐怖势力本阶段的特点

这一阶段的恐怖组织有一些明显的特点：

一是，涌现出一大批的恐怖组织。在埃及、菲律宾、车臣、阿尔及利亚等地区有一大批恐怖组织出现，这些恐怖组织下属还有很多恐怖团伙。因此，恐怖组织的数量很大。

二是，隐性的恐怖势力很快在第二阶段滑向恐怖组织。这些隐性的恐怖势力在第一阶段就与恐怖势力有了多种联系。

三是，这些恐怖组织都有很强的极端主义势力及社会氛围做支撑，在社会的活动空间很大。

二、极端主义

这一阶段，恐怖势力通过图书宣传品、口口相传及宗教场所宣讲等方式传播暴恐极端主义，也通过阿富汗战场、科索沃战场强化极端主义。这一时期当代恐怖势力的极端主义基本形成。

首先，宗教的政治化。恐怖势力将宗教话语政治化，以宗教话语解读政治，以宗教理念取代当代政治理念：其一，以宗教话语解读重大政治问题、政治现象。对阿以冲突、阿富汗战争、社会发展等问题，极端势力都以宗教话语评价，其影响力超出了政党、政府等话语力量。其二，形成了较为系统的极端主义政治话语体系。埃及、阿尔及利亚等地的极端势力，借助政治伊斯兰潮的扩展而扩展，并在政治伊斯兰思想体系的基础上传播其极端主义，对一系列问题提出极端主义的解读。其三，恐怖势力、极端势力能够以宗教作为政治力量聚合的纽带和基础。极端势力组织、恐怖势力组织与团伙，其聚合的精神纽带就是宗教极端主义；宗教极端主义影响其组织的形成、扩展、运行等。

其次，政治的极端化。恐怖势力对政治问题及其设置的目标，趋于明显的极端化。其一，在国际政治领域的极端化。对美国、对国际政治力量的较量，表现出极端的对立，狂妄地以宗教极端政治取代现代世俗的国际政治，否定当代世界发展的方向并妄图以历史的倒退来颠覆现代世界秩序；同时，极端主义向世界范围扩张，不仅在中东地区扩展，还向中亚、东南亚、非洲等地扩展。其二，打击政府威信颠覆国家政权。恐怖势力不断地以极端主义批评政府，煽动民众对政府的不满。埃及的恐怖势力在1974年就发动武装暴乱，蛊惑颠覆政府；而以宗教话语批评政府治理能力薄弱、腐败等方式在社会上制造了巨大混乱。攻击政府、攻击国家政要成为恐怖势力传播极端主义的重要方式。

再次，暴力的极端化——宗教暴力概念的异化。恐怖势力不断地蛊惑极端暴力，最突出的就是推动宗教"圣战"暴力概念的异化：其一，将宗教"圣战"概念狭义化。不仅将该概念等同于暴力，且将宗教暴力等同于极端暴力。以此鼓动极端分子的暴力倾向，并为恐怖暴力手段暴恐自杀式袭击辩解。其二，将暴力目标对象范围扩大化。恐怖势力将政要、平民都作为袭击目标，无限扩大"异教徒"的范围。其三，为自杀式袭击、女性参与暴力活动进行辩护。

三、此阶段暴力袭击特点

"基地"组织这一恐怖集群自1991年起制造了一系列产生重大影响的恐怖事件，除了阿尔及利亚宗教极端组织的重大恐怖活动外，还有：1993年2月纽约世贸中心爆炸、1995年6月行刺埃及总统穆巴拉克、1997年11月的埃及卢克索惨案。

首先，传统的暴力袭击手段与自杀式袭击手段结合。恐怖分子在这一时期实施的袭击手段，包括暴乱、暗杀、枪击等传统的方式，但自杀式袭击迅疾成为突出的暴恐手段，且与人体爆炸、汽车爆炸相互结合。恐怖势力试图将极端的暴恐袭击手段作为传播恐怖氛围的一种方式。

其次，大规模杀伤与突出目标袭击结合。这一时期，阿尔及利亚的恐怖袭击造成重大平民伤亡，恐怖袭击选择的目标具有轰动效应，如 1981 年暗杀萨达特等针对国家领导人的袭击，1993 年世贸大厦的袭击等。

再次，与暴力袭扰相互配合。暴恐袭击与武装袭扰活动相互结合，这一时期表现得非常突出。在阿富汗战场、科索沃战场，极端武装分子就交互采用这两种暴力袭击。在中东，恐怖势力坚持针对美国、法国在黎巴嫩、也门等地的军事目标实施武装袭击，也针对美国等平民目标实施恐怖袭击。车臣恐怖势力运用小规模分遣队四处出击，既以此牵制大规模的政府军队，又伺机实施恐怖袭击。

四、形成多个恐怖活动中心

这一时期，世界恐怖分子形成了多个活动中心，为此后全球两个"循环圈"的形成提供了条件。

首先，西亚北非地区的多个中心。在西亚北非，形成了多个恐怖活动中心。其中埃及的恐怖势力彰显得最早最突出，上埃及等地出现了恐怖势力聚合、活动的中心；到 1992 年后，阿尔及利亚的恐怖活动迅猛膨胀，在农村与偏远地区出现了恐怖活动中心。也门在这一时期作为恐怖活动中心具有自己的特色，不仅本土恐怖势力在亚丁等西南地区形成了活动中心，西亚北非其他国家的恐怖分子也到也门活动，或者在也门藏身，或者以也门作为中转站到阿富汗、巴基斯坦活动。

黎巴嫩等地在这一时期是宗教恐怖活动的高发地区，巴以冲突地区也有一些宗教恐怖势力聚合，如行刺拉宾的宗教恐怖势力就非常猖獗。这一时期，索马里等地形成了极端势力。这些极端势力在此后的时局变化中有的向恐怖势力转化。这些恐怖活动中心，成为此后的西亚北非全球恐怖活动中心，成为西向恐怖活动"循环圈"的形成基础。

其次，南亚东南亚出现多个恐怖活动中心。巴基斯坦与阿富汗不仅成为国际恐怖势力聚合的中心，还出现了本土恐怖势力。车臣恐怖势力自苏联解体后开始迅猛聚合力量,到1995年车臣极端暴力分子正式向恐怖暴力转化,车臣成为世界重要的恐怖活动中心。中亚恐怖势力以费尔干纳地区为中心形成了地区活动中心,并与阿富汗等地的恐怖分子相互联系。在东南亚地区,菲律宾南部形成了恐怖活动的中心,印尼、马来西亚等地也出现了恐怖势力聚合的一些中心。南亚东南亚的这些活动中心,成为全球恐怖活动东向"循环圈"的基础。

再次,恐怖活动中心之间具有广泛的联系。西亚北非与中亚、东南亚、南亚的恐怖活动中心之间存在广泛的联系。首先,人员的流动联系,西亚北非的恐怖分子到阿富汗、巴基斯坦等地活动,阿富汗战争后的恐怖分子又到科索沃、西亚北非活动;阿富汗的恐怖分子还流动到美国,如主要恐怖分子头目拉赫曼,到美国后制造了1993年世贸大厦爆炸。其次,组织联系,东南亚、中亚的恐怖分子与西亚北非的恐怖分子在阿富汗、巴基斯坦等地建立了联系,形成了组织联系的网络。再次,地区内恐怖势力的联系密切,中亚地区的恐怖势力聚合在费尔干纳盆地,印尼的恐怖组织跨境活动,西亚北非的恐怖势力相互之间联系密切。最后,恐怖势力的极端主义认同得到强化,在极端政治目标、极端暴力手段等方面相互模仿、相互影响。

第二节 "基地"组织的暴恐化及当代恐怖主义的全球化

1998—2011年期间,"基地"组织走向了暴恐化并迅猛推动当代恐怖主义的全球化,这一阶段的恐怖主义活动有许多宗教极端组织参与,[1] 与以往的恐怖主义组织和活动有重大区别[2]。"基地"组织成为当

---

[1] 李群英:《全球化背景下的伊斯兰极端主义》,中国政法大学出版社2007年版,第161页。

[2] Gabe Mythen and Sandra Walklate, "Communicating the terrorist risk: Harnessing a culture of fear?" in *Crime Media Culture* 2006, No. 2, p. 125.

代全球恐怖活动的引导性力量，世界各地的恐怖势力与"基地"组织形成了多种联系，当代世界多种恐怖主义与"基地"组织势力的活动形成呼应之势，如反社会进步的新右翼恐怖主义、新纳粹组织和邪教恐怖组织（如"奥姆真理教"）。

一、恐怖势力的形成

这一时期最突出的恐怖势力及其组织的变化，是"基地"组织势力的暴恐化及全球化。"基地"恐怖集群逐渐成为国际恐怖主义中最活跃的恐怖势力。

（一）"基地"组织的暴恐化

"基地"组织成立之初的目的是为了训练和指挥"阿富汗阿拉伯人"，"基地"组织的核心是一批经历过阿富汗反苏战场以及后来一些地区冲突磨练的"阿富汗阿拉伯人"，具有丰富的暴力行动经验和能力。到1998年2月，"基地"组织联合其他恐怖势力组合成了国际恐怖主义联合战线。

1996年后，"基地"组织在阿富汗组建了新的国际活动中心，为世界各地的恐怖分子提供培新和资金支持等，建立了全球恐怖主义网络。

（二）"基地"组织分支的建立

2001年10月后，"基地"组织在阿富汗的活动中心被摧毁，"基地"组织的骨干分子流窜到世界各地，与当地极端势力、当地恐怖组织组建了"基地"分支，突出的有：

"基地"阿拉伯半岛分支。也门一直是"基地"组织的重要活动据点，大批也门极端武装分子参加了阿富汗抗击苏联的战争，而也门也有很多"基地"势力的大型训练营地。2001年10月，一批恐怖分子从阿富汗流窜到也门，而2003年伊拉克战争后，也门不少极端武装分子进入伊拉克。一些从关塔那摩监狱被释放的"基地"分子也来到也门。为了适应伊拉克局势，"基地"组织势力在2009年1月将其也门和沙特的力量整合为"基地"组织阿拉伯半岛分支,主要活动在也门西南部与东部。该分支刚组建不久就于2009年12月25日在美国境内实施了飞机爆炸未遂事件。其阿拉伯半岛分支组织存在时间长,具有很强的暴恐实力。也门本土的一些恐怖势力、在也门的其他国际恐怖分子,与"基地"组织阿拉伯分支的联系也比较多。

"基地"组织马格里布分支。该分支于2003—2006年逐步形成。2003年9月,阿尔及利亚"萨拉菲宣教与战斗组织"宣布效忠"基地"组织,2006年12月正式宣布组建"伊斯兰马格里布基地组织"。之后该分支通过本土化策略大量吸收本土人员而扩张迅猛。2009年"7·5"事件后,该组织针对在北非的中国人实施袭击,2009年伏击了保护中国工程师的一支阿尔及利亚部队。

"基地"组织伊拉克分支。该分支在伊拉克战争后逐步形成。该分支成员既有本土的,也有周边国家的,以及来自阿富汗、巴基斯坦地区的"基地"组织分子,其领导人主要是伊拉克人。该分支组织多次遭到美国与伊拉克政府的打击,与"基地"组织在巴基斯坦的核心领导层的关系也较为复杂,但总体而言该组织的生命力很强,在2008年遭到重大挫折后重建了组织架构,并在2011年后突入叙利亚而演化为"伊斯兰国"势力。

"基地"组织在西欧的分支。在西欧的分支比较隐蔽,但依然能够发现一些踪迹。2001年10月阿富汗反恐怖战争后,在西欧连续发生了一系列的恐怖袭击就是"基地"组织在西欧的分支网络策划的。

(三)各地恐怖势力活跃并与"基地"组织加强联系

这一时期,以世界各地的宗教极端主义为指导的恐怖势力特别活跃,形成多个国际恐怖活动中心,这些活动中心的恐怖势力及其组织与"基地"组织有千丝万缕的联系。"9·11"事件前,"基地"组织以阿富汗作为大本营,组织策划恐怖袭击。"9·11"后,"基地"组织已经变成了彼此联系的、分散在多个地区的组织,原先的核心组织则主要为恐怖袭击提供协助、资金、顾问以及培训其成员和进行精神指导等。"基地"组织恐怖主义活动已经超越了单个组织,形成了一个泛化的恐怖组织群。①"基地"组织的恐怖目标扩展策略带动了以"基地"组织为核心的恐怖集群的形成,这一恐怖集群将 1991 年后的极端民族分离恐怖组织和宗教极端恐怖组织两个重大类型的恐怖组织相汇合。

车臣恐怖势力。苏联解体后车臣独立问题困扰着俄罗斯,第一次车臣战争进入 1995 年后,在军事上失利的车臣武装分离分子在 6 月实施了"布琼诺夫斯克"恐怖绑架案,俄罗斯政府对恐怖行为做出重大让步,车臣分离分子的恐怖活动自此蔓延、猖獗开来。车臣恐怖势力往往能够制造重大袭击,长期对俄罗斯形成威胁。车臣恐怖势力与国际恐怖分子之间建立诸多联系包括与"基地"组织的联系。由于车臣分离势力与宗教极端势力互相借重,车臣成为国际恐怖分子、跨国犯罪组织进行活动和发展势力的沃土,车臣由此成为国际恐怖主义的重要中心,成为俄罗斯中亚地区恐怖主义发展的震荡源。在本·拉登返回阿富汗之初,车臣分离势力曾在资金、技术等方面给予"基地"组织很大援助。后来在世界各地捕获的"基地"组织成员中,就有很多早年曾在车臣受训过。

中亚的费尔干纳谷地是新恐怖主义的另一震荡源。中亚地区特别是乌兹别克斯坦、塔吉克斯坦和吉尔吉斯斯坦三国的极端组织多在此地形成和发展,"乌伊运"就是由多个活动于此地的宗教极端组织组建而成。中亚恐怖分子与"基地"组织在阿富汗的联系非常多,接受"基地"组织的支持、培训,并服从"基地"组织的一些命令指挥。

东南亚在菲律宾、印尼、马来西亚、泰国等地区内形成了恐怖活动聚集区,其中突出的势力是"伊斯兰祈祷团"。巴基斯坦存在"哈卡尼网络""巴基斯坦塔利班"等恐怖势力。索马里青年党恐怖势力 2008 年后兴起,尼日利亚"博科圣地"恐怖势力在 2004 年引起了国际社会的关注。这些势力都以宗教极端主义为指导,与"基地"组织具有千丝万缕的联系。

---

① James A. Schear, "Waging War Against Global Terrorism: Assessing the Long-Term Challenges", in *The Korean Journal of Defense Analysis*, Vol. XVI, No. 1, Spring 2004, p. 185.

"基地"组织恐怖群还包括"东突"恐怖组织。[①] 1997 年,在"基地"组织的扶持下,"东突"恐怖组织成立。该组织除在境外充当"基地"组织和塔利班的打手外,还多次潜入中国境内从事恐怖活动。"东突"恐怖组织活动具有全球威胁性。

二、极端主义目标

这一时期,在宗教极端主义旗帜下恐怖势力提出各种各样的恐怖主义宣传与蛊惑。

一是,袭击目标国际化。"基地"组织最为突出、强调这一点。但其国际化的袭击目标是多样的,即在世界各地实施针对世界各国的袭击,联合世界各地的恐怖分子针对世界各国的目标。如恐怖分子不但在美国制造"9·11"袭击,也在其他地区袭击美国目标,"基地"组织势力既针对美国、欧洲,也针对中国,如帮助"东突"恐怖分子。

"博科圣地"也强调这一目标,将打击西方作为一个宣传口号吸引一些民众并扩大自身影响。东南亚、中亚等地的恐怖势力也在不同程度、不同层面突出这一极端主义袭击目标。

二是,宗教极端主义旗帜下的分离运动。车臣、菲律宾、印尼、泰国等地的恐怖势力的此类目标最为突出,竭力通过暴恐活动谋求分离目标。

三是,打击、颠覆本国政府。阿尔及利亚的恐怖势力一度追求这一目标,沙特等一些中东国家内的恐怖势力也有此目标。为了达到分离目的,相关恐怖势力的活动也有打击政府的目的,但与颠覆政府的目标有所区别。

四是,其他类型的恐怖主义的极端主义影响力或者衰微或者无法与"基地"组织系恐怖势力的话语影响力相比。民族极端主义分离目标的恐怖组织,如"爱尔兰共和军"下属的极端组织及其衍生的"真正爱

[①] See, Frank G. Shanty; Raymond Picquet; John Lalla, *Encyclopedia of World Terrorism*: 1996 - 2002, M. E. Sharpe Refrence, 2003, pp. 453 - 455.

尔兰共和军"、"埃塔"组织、"科西嘉解放阵线"及其衍生的极端行动小组、斯里兰卡"泰米尔猛虎组织"及其下属的极端行动小组、"自由亚齐运动"的军事极端小组等,都逐渐衰微。在这一时段具有左翼倾向的极端组织有意大利的"红色旅"、希腊的"11月17日革命组织"和南美的一些反政府武装组织等,除了零星的行动外,这些组织在这一阶段基本沉寂。而一些右翼的恐怖活动、邪教恐怖势力,与"基地"恐怖势力的极端主义相比影响力很微弱。

五是,目标区域固定的极端主义。"哈马斯"下属的一些武装行动小组制造了一系列自杀式爆炸,以色列的宗教极端分子制造了"希伯伦惨案"、刺杀拉宾总理等重大恐怖事件。巴勒斯坦地区的恐怖活动与中东和平进程的曲折紧密关联,其政治目标、暴力袭击目标及其活动主要限制在巴勒斯坦地区,是一个较为特殊的国际恐怖主义现象。

三、此阶段暴力袭击特点

恐怖活动及其目标的全球化,还伴随着暴力袭击规模、烈度、频度的极端化。

(一)"9·11"袭击的暴力

恐怖暴力的一个标志性的手段是既造成重大人员伤亡,又结合多种袭击手段。

"9·11"袭击当天,美国本土2973人遇难,死亡人数前所未有。[①]"9·11"成为国际恐怖主义的暴力行动宣言,鼓舞了全球恐怖分子最大程度地制造人员伤亡;本·拉登及其组织在被全球极端分子神圣化、被全球恐怖分子抽象化,"异化"为一个具有无限张力和丰富象征意义的符号并亦步亦趋地模仿其活动。

本·拉登及其追随者还意在通过"9·11"袭击及其宣传来激起民众对美国的仇视而拓展恐怖主义的活动空间,"美国现在尝到的与我们

---

① 【美】美国"9·11"独立调查委员会编著,史禹等译:《9/11委员会报告》,世界知识出版社2005年版,第435页。

几个世纪一直经历的相比,根本算不了什么。80多年来伊斯兰世界饱尝屈辱和贬低。……在我讲话时成百万无辜儿童遭到杀戮。……以色列的坦克在巴勒斯坦制造浩劫"。① 恐怖分子在这方面也确实达到了目的。而只要这种情绪在,恐怖分子招募成员、募集资金就有巨大的空间。

恐怖主义袭击造成重大平民伤亡,恐怖主义是世界现实的扭曲反应。恐怖分子指责的中东或世界的不公平、苦难是真实存在的,但恐怖主义本身无法解决这些问题,恐怖分子也不代表国际社会广大的民众;其毫无差别地制造大规模伤亡的恐怖袭击甚至误导民众的情绪,增加世界的仇恨和动荡,只能拖延、耽误许多迫切的国际问题的解决。

(二) 自杀式袭击的普遍化

虽然在20世纪80年代就出现了自杀式恐怖袭击手段,但到了这一阶段各地恐怖势力在暴力袭击中才普遍采取了这一手段。1981年10月行次萨达特时采取的依然是传统的热兵器。自杀式袭击成为宗教极端主义实施暴恐袭击的标志性手段,无论是在中东、在东南亚、在南亚、在西欧、在非洲,这一手段都是最常用的恐怖袭击手段,各地的宗教恐怖势力都采用这一手段。

恐怖势力为了增加自杀式袭击的成功率、为了增加"人体炸弹"的数量,选择了儿童和女性,其中突出的有车臣"黑寡妇"女性自杀爆炸群体。对于这一更加违背宗教传统、社会传统的暴力手段,恐怖势力极力以宗教极端主义话语予以"合法化"。

当代恐怖势力还将自杀式恐怖袭击手段与冲撞方式、汽车炸弹等混合使用,"9·11"袭击就是自杀式袭击与飞机冲撞袭击的结合。而在世界各地的自杀式袭击还更多地与汽车炸弹、汽车冲撞相互结合。到了第三个阶段,自杀式袭击又有了新的演变。

(三) 高科技恐怖手段

技术环境和社会环境都会改变恐怖主义的性质,② 核生化恐怖袭击

---

① Quoted from Henry Munson, "Islam, Nationalism and Resentment of Foreign Domination", in *Middle East Policy*, vol. x, no. 2, Summer 2003, p. 50.

② Grant Wardlaw, *Political Terrorism: Theory, Tactics, and Counter-Measures*, New York: Cambridge University Press, 1989, pp. 25–33.

是当代社会挥之不去的梦魇，甚至是某种程度的当代现实。在上一个阶段的 1995 年 3 月，东京地铁沙林毒气案已经现实地敲响了核生化恐怖袭击的警钟。

网络技术的进步，也给恐怖分子提供了机会，网络恐怖主义包括网络破坏与网络袭击。事实上，恐怖分子将网络与其恐怖活动的各个环节都联系在一些，包括利用网络聚合资源、利用网络实施袭击特别是袭击公共设施及政府目标、利用网络作为活动的联络根据、利用网络作为传播极端主义工具、将网络本身作为袭击目标等等。

在全球化结构中，作为社会进步标志的科技进步，几乎每个进步成果都在增添恐怖主义活动的工具包。① 1996 年，美国破获了一起积年邮包炸弹案，这个"校园航空杀手"的恐怖分子的动机只是反对科学进步。1997 年，美国接连发生多起堕胎诊所被炸事件，这是一些反对人工流产的人所进行的攻击。此外，还有人以环境保护和爱护动物为名而发动恐怖袭击。

国际社会中出现的以反对科技进步、极端环保主义为代表的诸多新形态问题，也成为形形色色恐怖主义的政治口号。"邮包炸弹恐怖分子"凯辛斯基于 1995 年在《纽约时报》以及《华盛顿邮报》刊登《科技工业社会》一文，认为美国工业化时代的技术带来种种罪恶，工业革命及其后果对于人类来说是场灾难，导致了社会的不稳定。环保恐怖组织主要进行一些象征性恐怖活动，但这些环保恐怖分子的暴力活动有升级的趋势。在美国国内活动最为猖獗的恐怖组织有 22 个。其中位居榜首的就是上面所列的以恐怖手段进行"保卫地球"活动的"地球解放组织"，以及"保护动物"的"动物解放组织"等。2004 年 9 月，英国著名的暴力抗议组织"停止捕猎动物野蛮行径"在肯特郡举办一次为期四天的训练营活动。②

此外，长期以来，美国的反堕胎极端分子采取暗杀、爆炸等恐怖手

---

① Ulrich Beck, "The Terrorist Threat: World Risk Society Revisited", *Theory Culture Society* 2002, 19; 39, pp. 45 – 46.

② 《英国严管"动物极端主义"》，http：//www.qzwb.com/gb/content/2004 – 08/02/content_ 1312824. htm。

段袭击堕胎诊所的医务人员，有时还围攻诊所。反堕胎恐怖分子在"9·11"后曾以假炭疽菌威吓堕胎诊所。意大利"非正式无政府主义联盟"（Informal Anarchist Federation，FAI）从 2003 年 12 月 21 日到 2005 年 5 月 26 日共从事过十起恐怖活动，造成 2 人受伤。在德国等西欧国家比较活跃的种族极右恐怖分子，是全球化下国际移民问题引发的矛盾的反映。

2003 年 8 月 14 日，美国东北部和加拿大部分地区因发生了大面积停电事故而陷入混乱。停电事故原因是技术性的，但人们立即联系到恐怖袭击。这从一个方面说明了现代社会的易受破坏性和基础设施安全的重要性；另一方面也说明民众心理笼罩着浓重的恐怖袭击阴影，似乎恐怖袭击随时可能发生。事实上，恐怖分子的袭击能量越来越强，现代社会严重依赖的基础设施——水、电、运输、通讯、信息等，恐怖分子使用一枚炸弹或计算机病毒就可以导致难以补救的危害，按一个键就会使世界不安。新型的"个体化恐怖主义"利用网络实施的恐怖活动就能够造出比传统恐怖活动大得多的破坏。①

四、全球恐怖活动的两个"循环圈"的形成

这一阶段，恐怖主义的重灾区是俄罗斯、中亚地区以及中东、北非、南亚等地区。巴勒斯坦地区和南亚地区的恐怖主义主要是原有恐怖组织在活动，俄罗斯、中亚、北非、北美和中东其他地区则是新恐怖组织活动频繁的地区。而各地的恐怖活动在这一阶段都融汇为一个全球活动，两个"循环圈"是当代恐怖主义全球化的最直接的体现。全球的组织网络和活动、全球恐怖袭击，是"基地"恐怖组织群与以往恐怖组织最大的不同之处。②

"9·11"事件及伊拉克战争后，全球恐怖活动潮的范围进一步扩

---

① 汤姆·里甘：《当恐怖分子转向因特网时》，载《基督教科学箴言报》，1997 年 7 月 1 日。参见《参考消息》，1999 年 7 月 14 日。

② James A. Schear, "Waging War Against Global Terrorism: Assessing the Long-Term Challenges", in The Korean Journal of Defense Analysis, Vol. XVI, No. 1, Spring 2004, p. 185.

散，暴力袭击的频度大大增加，形成了全球恐怖活动的西亚北非中心。

国际恐怖主义活动的地缘扩张从中东向四个方向蔓延：一是非洲特别是撒哈拉沙漠以南的非洲地区；二是欧美特别是西欧等发达地区；三是与中亚俄罗斯恐怖主义的互动；四是东南亚南亚地区。这样，国际恐怖主义以中东为中心向四周辐射，形成两个恐怖"循环圈"：一个是中东—东非、北非—西欧圈；一个是中东—中亚—东南亚圈。国际恐怖组织不断扩大活动的范围，将恐怖活动从中东、中亚一直延伸到东南亚的印尼和菲律宾，甚至到澳大利亚，并渗入美国和欧洲。

（一）恐怖活动要素在西"循环圈"的流动

当代恐怖活动的西向"循环圈"，包括中东—东非北非—西欧—美洲。

其一，非洲恐怖活动及其与西亚北非的联系。伊拉克战争爆发时，尼日利亚的一些激进组织宣称要招募自杀性袭击者到伊拉克进行反美斗争；[1] 非洲大量有实力的犯罪组织和极端组织为"基地"组织等国际恐怖组织的渗透提供了方便。冷战结束以来"基地"组织及其支持者就在索马里的中部和北部及肯尼亚的索马里人居住区寻求避难并建立恐怖网络。"基地"组织还把非洲作为中转站和后方，[2] 进行一系列与恐怖活动相关的融资和组织活动。它们利用非洲地下经济筹集恐怖资金，如在西非非法买卖钻石筹划资金为国际社会所关注。[3] 尼日利亚北部一些激进组织与"基地"组织联系密切，为"基地"组织的活动提供种种便利。1993 年，本·拉登为艾迪德的武装提供训练，"基地"组织将索马里作为一个重要的地区行动基地，利用该基地策划了 1998 年肯尼亚等国的美国使馆爆炸案。

非洲面临的恐怖主义袭击威胁，多与国际恐怖主义活动关联密切。

---

[1] *This Day*, Lagos, April 1, 2003. 转引自贺文萍：《伊拉克战争对非洲的影响》，载《西亚非洲》2003 年第 3 期，第 22 页。

[2] Princeton N. Lyman and F. Stephen Morrison, "The Terrorist Threat in Africa", in *Foreign Affairs*, vol. 83 no. 1, 2004, p. 83.

[3] Princeton N. Lyman and F. Stephen Morrison, "The Terrorist Threat in Africa", in *Foreign Affairs*, vol. 83 no. 1, 2004, p. 84.

1998年8月7日,美国东非大使馆发生爆炸案之后,8月25日南非开普敦好莱坞行星饭店又发生爆炸案,有人怀疑这起爆炸案的策划者与大使馆爆炸案幕后人士有关。南非的"奇布拉"和另一个组织与"基地"组织有着密切的联系,被列入美国恐怖主义组织名单。2002年11月28日,肯尼亚的蒙巴萨发生了两起针对以色列人的恐怖袭击,死15人(包括3名以色列人),伤80多人。2003年5月,伊拉克战争刚宣布结束,在摩洛哥就发生了重大爆炸事件。此外,非洲之角也成为反恐战争的前线。美国在2002年、2003年加强了在该地区的反恐怖合作和援助。

其二,欧洲恐怖活动及其与西亚北非的联系。伊拉克战争后,国际恐怖组织将欧洲由"后方"变为"前方"。此前,中东恐怖分子一直将欧洲看作资金筹集地和人员中转地。中东以及和中东联系密切的恐怖组织在整个欧洲招募成员。欧洲政府大都认为是扎卡维将一些欧洲人送到伊拉克参与恐怖活动。比如,2003年8月,参与巴格达联合国办事处爆炸案的犯罪分子之一就是在意大利招募的。伊拉克战争后,中东恐怖组织在欧洲策划制造了一系列重大恐怖事件。

2004年3月11日,西班牙首都马德里三座火车站几乎同时发生爆炸事件,导致200多人死亡,1000多人受伤。与"基地"组织联系密切的"阿布·哈夫斯·马斯里旅"策划了爆炸,目的是为了报复西班牙在伊拉克战争中与美国的亲密关系。这次恐怖事件是西班牙也是欧盟经历的最严重的恐怖灾难。恐怖爆炸使西班牙民众的反战情绪更加高涨,执政的人民党(人民党积极追随美国入侵、占领伊拉克)在大选中下台。上台的工人党在2004年7月从伊拉克撤回了全部军队。西班牙的政治变化给澳大利亚、英国、意大利和日本造成了压力。

2005年7月7日,伦敦发生一系列爆炸,40多人死亡,数百人受伤。时值八国集团领导人在英国的格伦伊格尔斯举行首脑峰会。爆炸发生的头天晚上,伦敦刚刚申奥成功,成为历史上唯一一个三次举办奥运会的城市。恐怖组织选择这样的时机,扩大了恐怖效应。

欧美一直存在民族分离恐怖主义和左右翼恐怖主义,还有新生的反全球化恐怖主义。在中东恐怖组织"基地"组织等向欧美地区扩展的同时，这些欧美自生的恐怖主义的活动也有所增加，不时制造恐怖事件，助长了中东恐怖主义向全球扩展的声势。意大利的"非正式无政府主义联盟"反全球化组织制造了多起邮件炸弹事件，"爱尔兰共和军"中的激进分子、西班牙的"埃塔"、法国的"科西嘉民族解放阵线"等活动一时有所增加，一些传统的左翼恐怖组织在法、德、意、希腊等国有抬头之势，成为国际恐怖主义潮的组成部分。

(二) 东向"循环圈"的恐怖活动

"9·11"事件和伊拉克战争以来，中东—中亚车臣—南亚—东南亚恐怖主义国际"循环圈"也逐渐清晰起来。这种循环联系表现为：恐怖袭击相呼应，恐怖跨境活动变得便利。

其一，俄罗斯中亚地区活动及其与西亚北非的联系。东向"循环圈"是冷战后新一轮恐怖浪潮的起源地，这一起源与中东恐怖主义的结合点是阿富汗战争。两次阿富汗战争都直接和间接激化了中亚恐怖主义。伊拉克战争后，俄罗斯境内的恐怖活动有增无减，发生了一些重大的恐怖事件。[①] 在战略上，恐怖分子显然与西向"循环圈"的国际恐怖活动相呼应。俄罗斯境内的恐怖活动背后也有国际恐怖主义的支持。

伊拉克战争后，中亚的恐怖主义活动进一步猖獗，[②] 与国际极端组织有着密切的联系。许多来自其他地区的极端分子参加了中亚和车臣的

[①] 如2003年6月5日，俄罗斯北奥塞梯共和国发生汽车炸弹爆炸，18人死；12月5日，俄罗斯一火车客车上发生自杀性爆炸，44人死，200多人伤；12月9日，莫斯科红场附近一客车上发生自杀爆炸，5人死，13人伤。2004年5月9日，车臣首府格罗兹尼的一体育场在举行反法西斯胜利纪念活动时发生爆炸，车臣总统、国务委员会主席等5人遇难，俄罗斯驻北高加索联合集群司令等53人受伤；9月1日，发生别斯兰人质事件，大批恐怖分子在俄罗斯北奥塞梯共和国别斯兰市一所学校劫持了1200多名学生作为人质，导致331名人质（186名儿童）死亡，700多人伤。

[②] 中亚的"乌伊动"和"东突"等恐怖组织的活动猖獗。2003年3月27日，"东突"恐怖组织在吉尔吉斯斯坦制造恐怖事件，导致21人死。2004年，"乌伊运""伊扎布特"和"东突"等恐怖组织在中亚的活动依然猖獗。2004年3月，乌兹别克斯坦发生多起恐怖爆炸；7月30日，又发生了多起自杀性恐怖爆炸。2001年以来，"伊扎布特"在中亚地区的活动呈现出恐怖组织的特征。"伊扎布特"在苏联解体后迅速进入中亚，最初的活动主要以非暴力"圣战"建立单一的伊斯兰教法统治的哈里发国家。2003年，俄罗斯、中亚多国、德国和所有的阿拉伯国家，均将"伊扎布特"视为恐怖组织，美国也将其列为"密切观察"的可疑组织。

暴力活动，或者接受训练。据俄罗斯情报部门分析，当年车臣极端分子从本·拉登手中获得的资金应不少于2500万美元。一些外来武装极端分子也通过"基地"组织渠道进入中亚和车臣。

在高加索地区，车臣恐怖分子不断制造爆炸。在2004年5月9日发生于格罗兹尼的大爆炸中，车臣总统卡德罗夫遇害。而9月初发生的别斯兰人质绑架事件导致300多人死亡，更是震惊全世界。

美军攻打伊拉克后，中亚地区反美暴力活动明显增多。2004年3月29日，乌兹别克斯坦首都塔什干市中心发生自杀性爆炸事件，这是源于中东的自杀性恐怖活动首次在中亚地区出现。7月30日，乌兹别克斯坦首都塔什干的美国大使馆、以色列大使馆、乌兹别克斯坦总检察长办公室同时发生爆炸。袭击美、以使馆与中东的伊拉克战事激化和巴以冲突加剧直接有关。

其二，南亚东南亚地区的恐怖活动及其与西亚北非的联系。由于阿富汗战争，许多恐怖分子转移到巴基斯坦进行活动。南亚地区的恐怖主义也随之猖獗。"9·11"事件和伊拉克战争后，东南亚发生一系列重大恐怖主义事件。如印尼万豪酒店爆炸，沙特、摩洛哥连环爆炸案等，呼应了中东恐怖主义的活动。

活动在东南亚的恐怖组织主要有"伊斯兰祈祷团""摩洛伊斯兰解放阵线"等。这些组织相互之间及其与"基地"组织的联系都比较密切。"伊斯兰祈祷团"在东南亚形成了网络，在印尼、菲律宾、马来西亚、新加坡等国，都有分支机构，在澳大利亚也有活动。菲律宾的极端组织给"伊斯兰祈祷团"提供训练营地。① 在菲律宾和印度尼西亚存在许多有"基地"组织背景的恐怖分子训练营，世界各地的极端分子在此接受训练。②

"基地"组织向东南亚的渗透从吸纳"阿富汗东南亚人"开始。这

---

① Zachary Abuza, "Learning by Doing: Al Qaeda's Allies in Southeast Asia", in *Current History*, April, 2004, pp. 173 – 174.
② "Storm Clouds on the Horizon", *Far Eastern Economic Review*, February 14, 2002 , ; "Clues to Qaida in Indonesia", *International Herald Tribune*, January, 14, 2002. ; "Indonesian Suspect aiiegedlly aided Al Qaeda", *International Herald Tribune*, May, 10, 2002.

些"阿富汗东南亚人"中的许多人后来成为东南亚极端组织的领导人。① 一些东南亚的宗教极端分子在参加波黑冲突中加入了本·拉登的组织。② 阿富汗战争后，一些恐怖分子骨干流散到东南亚。"东南亚仍然是一个对基地及其附属和支持组织有吸引力的地区"。③

值得注意的是，东向"循环圈"的中亚车臣地区与南亚东南亚地区的恐怖主义联系在不断加强。由于阿富汗战争加强了东南亚通道的作用，许多中亚和车臣恐怖分子取道南亚、东南亚到中东，或到东南亚恐怖训练营地接受训练。

（三）中东凸显为国际恐怖主义"循环圈"的中心

这一阶段突出的恐怖势力与组织是以西亚北非恐怖势力为核心的。"基地"势力、西亚北非很多本土的恐怖势力，是这一阶段最为活跃的恐怖势力。"基地"组织等西亚北非恐怖势力在全球各地组建了组织网络。

其一，伊拉克战争后，伊拉克不仅成为各种极端势力的聚集地，境内恐怖袭击不断，而且成为国际恐怖势力宣传、募集资金、招募人员的根据地。

在伊拉克，反抗美国占领的武装行动与恐怖袭击互相交织，日趋激烈。对联合国机构的自杀性爆炸导致联合国驻伊拉克代表德梅洛等遇难，连续杀害驻伊外交官、工程技术人员、新闻工作者，绑架外国平民作为人质并将他们斩首等，这些都是后果严重的恐怖行为。值得注意的是，一些以前不为人知的恐怖组织正登上恐怖活动的舞台，新一代恐怖分子已成为第一线指挥官。在中东其他地方，恐怖分子的自杀性攻击不仅在以色列持续发生，也将摩洛哥、沙特、土耳其、埃及等与美国合作的温和派穆斯林国家作为袭击目标。

---

① Zachary Abuza, "Learning by Doing: Al Qaeda's Allies in Southeast Asia", in *Current History*, April, 2004, p. 172.

② Zachary Abuza, "Funding Terrorism in Southeast Asia: The Financial Network of AlQaeda and Jemaah Islamiya", in *Contemporary Southeast Asia*, vo. 25, no. 2, Aug. 2003, p. 182.

③ Zachary Abuza, "Learning by Doing: Al Qaeda's Allies in Southeast Asia", in *Current History*, April, 2004, p. 171.

其二，西亚北非成为国际恐怖活动的指导中心。发生在东南亚的恐怖事件与中东恐怖主义的活动密切相关。①"所有这一切的中心不是东南亚，而是中东"。2003年4月，"基地"组织在阿富汗的库纳尔地区召集高层会议，车臣和中亚的极端组织代表与会。②

巴以冲突、阿富汗战争、伊拉克战争、极端宗教势力的活动，已经使中东成为国际恐怖主义的中心舞台。美国发动阿富汗战争后，许多逃离阿富汗的恐怖分子四处寻找合适的藏身和用武之地，伊拉克战争后动荡的伊拉克和中东局势给这些无处安身的恐怖分子提供了隐藏和活动的大好时机。很多恐怖分子聚拢到伊拉克等中东地区，在2004—2005年制造了一系列重大恐怖事件。

第三节　当代恐怖主义组建极端政权的活动

2011年起，当代恐怖势力捕捉到了新的活动机遇而推动了新一波恐怖活动潮。2011年发生了几起重大事件与恐怖活动的再次高涨直接关联：

2011年3月，西方国家就发现"基地"势力已经乘乱渗透到利比亚，混迹在利比亚的反对派阵营中并得到反对派的庇护；国际恐怖分子敏锐地捕捉到了阿拉伯动荡的气息及其给恐怖活动提供的机会，并以参与国家、地区动荡的方式追求自己更高的极端目标。

2011年5月1日，美国在巴基斯坦击毙"基地"组织领导人本·拉登，美国认为，经过在伊拉克对"基地"组织的持续打击、世界各地对恐怖势力的持续打击，国际恐怖势力的组织能量已经被严重削弱，击毙本·拉登能够让"基地"组织等国际恐怖势力进一步在组织上瘫

---

① Zachary Abuza, "Funding Terrorism in Southeast Asia: The Financial Network of AlQaeda and Jemaah Islamiya", in *Contemporary Southeast Asia*, vol. 25, no. 2, Aug. 2003, p. 179.

② Byman: "Phase Three in the War on Terror", ibid, p. 6. 转引自王建平：《美国反恐怖战争第三阶段的政策》，载《阿拉伯世界》2004年第2期，第14页。

痪。但击毙本·拉登却推动了国际恐怖分子进行新的组织组合，伊拉克、叙利亚等地的恐怖势力的独立性增强，之后形成了独立于"基地"组织之外的"伊斯兰国"势力，而世界各地的恐怖势力、极端武装势力也纷纷从效忠"基地"组织转而效忠"伊斯兰国"。

2011年5月28日，"基地"组织阿拉伯半岛分支宣布占领也门南部的阿比扬省省会城市（津吉巴布尔市），并在此建立"伊斯兰酋长国"。暴力"建国"活动成为国际恐怖势力在这一时期的突出目标，2012年国际恐怖分子在马里也试图组建极端政权。

2011年的这一系列事件，推动了当代恐怖主义浪潮进入第三个阶段。

一、恐怖势力新的组织形态

在第三阶段，恐怖势力的组织形态从集中到分散化，都有突出的、重大的变化。

（一）"伊斯兰国"极端政权是一种世界性的存在

伊拉克、叙利亚的恐怖势力在2013年4月9日宣布组建"伊拉克和黎凡特伊斯兰国"（"伊拉克和大叙利亚伊斯兰国"），2014年6月28日，该组织宣布建立"伊斯兰国"，其首领自称为哈里发。该势力的组织形态已经成为极端政权，不仅在组织名称上具有"国家"标示，该势力到2014年6月控制了伊拉克、叙利亚大片地域，组建了跨境的极端主义的"政权"机构，实施了极端统治。

"伊斯兰国"极端政权形式，不仅是在伊拉克、叙利亚等地存在，还是一种世界性的存在。"伊斯兰国"极端政权组织形式，将世界各地的恐怖分子聚集到叙利亚、伊拉克等地。一种聚合形式是通过其他恐怖组织的动员，各地极端分子有组织地成批加入"伊斯兰国"；另一种形式是受到"伊斯兰国"的各种煽动、影响，以个人或者小团伙形式来加入"伊斯兰国"。"伊斯兰国"不仅从世界各地聚合人员等资源，还向世界各地输出恐怖主义、极端主义。参加"伊斯兰国"的极端武装分子，一段时间后会返回原地，将极端暴力扩散到世界各地；"伊斯兰国"的极端目标，也指向了全球。

（二）建立"行省"

世界各地的恐怖势力在一定程度上保持、强化了其活动中心，特别是尼日利亚、索马里、马里、菲律宾、巴基斯坦等地恐怖势力长期盘踞、控制的一些地区。为了与"伊斯兰国"加强联系，也为了突出自己的存在，不少恐怖势力与"伊斯兰国"一起宣布建立"伊斯兰国行省"。

"行省"组织形式，既显示了本土恐怖势力的组织形态向"政权"形式转变的意愿，也反映了国际恐怖势力的联系强化。

（三）各地的"建国"

这一阶段中，恐怖势力追求建立极端政权的野心越来越突出。2011年5月，"基地"阿拉伯半岛分支在也门宣布"建国"。2012年初，西非、北非恐怖势力包括"伊斯兰捍卫者""西非圣战统一运动"和"基地"组织马格里布分支，在马里北部一度控制了大批地域，组建分离政权，试图实施极端主义统治。

极端政权的组织形态，是恐怖势力极端政治目标的最终追求。当恐怖势力纷纷现实地采取、寻求这一组织模式时，表明恐怖势力的组织能量积累到相当的程度，试图借助国际社会的动荡机会、依托极端政权形式、冲刺其极端主义终极目标。

（四）"基地"组织在叙利亚与南亚的分支

面对国际恐怖势力的活跃，"基地"组织势力一面在叙利亚加强活动，形成了以"努斯拉阵线"（"征服叙利亚阵线"）为核心的"基地"组织在叙利亚的势力。这股势力与叙利亚的反对派有共同目标，且多以叙利亚人员为主；也与"伊斯兰国"有共同的目标，虽然在组织关系上有一些冲突，但二者在追求终极目标时会相互配合。

为了扩张势力，"基地"组织在2015年9月宣布组建南亚分支，印度也证实了"基地"组织势力的扩张情况。印度古吉拉特邦政府认为，"基地"组织自2002年古吉拉特邦发生骚乱以来就不断向该邦渗透。

"基地"组织南亚分支的组建,是该组织想利用克什米尔地区、缅甸若开邦等地的动荡局势扩张组织网络,与"伊斯兰国"竞争。无论"基地"组织出于什么样的目的,国际恐怖势力组织网络的扩张在这一时期的步伐更大了。

(五) 分散化、团伙化的组织形式

这一时期,还存在恐怖组织演变的多种趋势。一种表现是各地的恐怖势力在与国际恐怖势力融合过程中出现既保留自身组织网络的独立性、又增加各地恐怖分子之间混合为新的多国恐怖分子组合的恐怖团伙,俄罗斯彼得堡地铁袭击等的恐怖袭击中的恐怖团伙就是在叙利亚"伊斯兰国"的暴力活动中形成的恐怖团伙。此类团伙在 2017 年 12 月国际恐怖分子回流后可能会更多。另一种表现是族群掩盖的恐怖团伙。2018 年 5 月,在法国发生的一起恐怖袭击中,恐怖分子是一个在法国的车臣族群团伙恐怖组织的成员。该团伙长期与车臣恐怖组织、恐怖人员有联系,也与叙利亚恐怖组织有联系,但其组织活动主要依托族群之间的联系。

还有一种是家庭式的恐怖团伙。2018 年 5 月中旬在印尼连续发生了三个恐怖家庭团伙实施的五起恐怖袭击。这些恐怖分子团伙是当地恐怖组织的成员,其组织被击溃后恐怖分子组织了家庭恐怖团伙。在叙利亚,来自东南亚、澳大利亚、欧洲以及西亚北非的恐怖分子举家参加"伊斯兰国"的暴力活动,这成为某种特殊的恐怖家庭团伙。

在这一时期,"独狼式"恐怖袭击的数量增加。"独狼"恐怖活动,事实上是当代恐怖活动剧烈的一个表现,恐怖势力及其组织能够不通过面对面的组织招募就能够影响一些人"自我"极端化为恐怖分子。

二、极端主义

当代恐怖势力的极端主义终极目标是一致的,即通过对平民的滥杀向国家政府、国际社会施加压力,进而颠覆现代社会秩序,实施极端主义的"政权"统治。但具体的极端主义目标及其宣传,在每一阶段有

所区别。

一是，从"国际化"到"国家化"，组建极端主义政权。"伊斯兰国"被称为"准国家"的政权，① 其活动代表着这一阶段恐怖势力极端主义化的方向，其终极目标是无限地扩张其极端政权的版图。这一极端理念，包括几个重要内容：攻城略地，占领、控制大片地域作为"建国"的基本条件。从 2011 年进入叙利亚活动以来，伊拉克恐怖势力就持续扩张、控制该地域，到 2014 年 6 月 29 日宣布"建国"时，已经占据了伊拉克和叙利亚三分之一的地盘，大约有 20 万平方公里，所控制的地域最多时约等同英国大小。事实上，早在 2006 年，伊拉克恐怖势力在占据一个城镇后就曾宣布了"建国"，占领大批领土组建极端"政权"成为其极端主义的一个基本思路。而一旦不能保持对领土的控制，其"国家"就等于灰飞烟灭了。而"基地"组织的极端主义思路是"国际化"，在全球各地组建秘密活动中心，神出鬼没、四处出击，在全球范围内实施袭击活动。

二是，在暴力极端思想的宣传方面，"伊斯兰国"鼓动世界各地极端分子进入战乱中的叙利亚和伊拉克进行大规模暴力活动并在各地实施暴力活动。在其极端暴力的宣传中继续以宗教极端为基础，但极端暴力的重点目标一度是叙利亚、伊拉克的大规模武装活动。

三是，在其控制区域实施极端统治。"伊斯兰国"在其控制区域建立了一套较为成熟的行政管理体制，分工严密，让"恐怖统治"系统化。"伊斯兰国"在重新开放了摩苏尔大学后，根据其极端主义对课程进行改造，所有课堂讲授的内容都要经过审查。"伊斯兰国"在解决民事纠纷中十分注重凸显其极端主义"教法"。其制法非常残暴、严重限制了基本人权。对儿童的摧残就是一个重要表现，"伊斯兰国"大批征用未成年男性参加战争活动，或者实施恐怖袭击或其他辅助活动；对在战争中抓获的少数民族儿童，"伊斯兰国"往往实施集体行刑或者被贩卖等；"伊斯兰国"还绑架、贩卖少女为奴。

---

① 左鹏：《"伊斯兰国"如何进行"准国家化"统治》，载《人民论坛》2016 年 1 月下。

四是,"争取民心"的迂回极端主义。面对包括暴力造成的重大人员伤亡,民众对恐怖主义越来越反感。为了争取人心、巩固其活动据点,"基地"恐怖势力还曾演绎了"认罪"。2013年12月,"基地"组织也门分支9名暴力分布子在也门国防部一家附属医院制造了恐怖袭击,导致52人死亡。"基地"组织也门分支武装头目在社会谴责的巨大压力下公开向社会道歉,表示此次袭击是一个失误,并向遇害者家庭、受伤者支付赔偿。但同时"基地"组织表示会继续袭击政府目标和国际社会目标。

三、此阶段暴力袭击特点

就暴恐袭击手段来说,这一阶段的暴恐活动体现出了一些新的特点。

一是,人质斩首。2014年8月,"伊斯兰国"发布了斩首美国人质的视频。之后,美国人质、英国人质、日本人质、韩国人质等遭到斩首;2015年11月,有中国人质也在伊拉克遭到"伊斯兰国"斩首。恐怖势力试图借助斩首这种血腥的手段散布恐怖情绪,"激励"各地的极端暴力分子。

二是,大规模武装攻势与暴恐袭击的并用。"伊斯兰国"在伊拉克、叙利亚采取大规模武装活动时,其他地区的恐怖势力也试图采取武装袭扰等大规模武装活动的策略,如塔吉克斯坦的极端武装分子在2015年采取了武装政变活动;尼日利亚、缅甸、印尼、菲律宾等地的恐怖势力也与政府军发生了一些正面交火事件。

但恐怖势力在寻求实施大规模武装活动的同时,没有放弃暴恐袭击。自2015年1月后,法国等欧洲国家连续、持续发生重大恐怖袭击,仅2017年5月阿富汗一次恐怖袭击所使用的炸药就达1.5吨。

三是,就地取材,多手段实施恐怖袭击。恐怖分子能够制造并灵活使用简易爆炸装置,特别是"独狼"恐怖分子能够利用一切可以找到的、可利用的器物实施袭击。随着各国对恐怖袭击防范举措的加强,恐怖分子越来越多地利用冲撞、砍杀等手段实施袭击。

四是，劫持人质。这一时期，在尼日利亚发生多起大规模绑架人质事件。如2014年4月"博科圣地"绑架了200多名中学生，2018年2月该组织又绑架了110多名中学生。"伊斯兰国"势力不断地绑架人质，对人质实施斩首、勒索巨额资金。菲律宾恐怖分子也常常实施绑架勒索。这种方式是很多恐怖组织惯用的手法，这一时期显得更为突出。

四、两个"国际循环圈"发展的深度与广度

这一时期，恐怖势力全球活动的两个"循环圈"更加突出，不仅范围进一步拓展，且在恐怖活动要素循环的广度与深度方面都有明显的突破。

（一）西向恐怖活动"国际循环圈"的拓展

西向"循环圈"，这一时期在恐怖分子流动、暴恐活动等方面进一步扩展。

其一，欧洲地区自2015年以来的恐怖袭击活动明显增加。2005年后到2011年之前，由于欧洲反恐怖工作的加强，恐怖活动基本得到控制，没有持续发生重大恐怖袭击。但2015年1月法国《查理周刊》遭到袭击后，2015年11月法国再次遭到重大袭击。之后，英国、德国、西班牙等地都遭到恐怖袭击，英国也遭到了连续的恐怖袭击。

欧洲遭到恐怖袭击，与恐怖势力的回流有关，也与本国"自我"极端化的恐怖分子、恐怖团伙的增加有关。恐怖分子在欧洲的活动能量大大增加，将是对其持久的威胁。

其二，西非成为恐怖分子异常活跃的地带。2012年1月，西非恐怖分子在马里参与了武装叛乱活动。之后，恐怖袭击在马里经常发生，其中包括针对联合国目标的袭击。2016年5月，中国维和人员在马里恐怖分子针对联合国的袭击中遇难。此外，中国的三名企业管理人员在2015年11月于马里遭恐怖袭击遇害，2018年3月中国在马里的企业驻地遭到恐怖袭击。

布基纳法索自2016年以来数次遭到恐怖袭击，如2016年1月、2017年8月、2018年3月，该国都发生了恐怖袭击。这个西非小国有可能成为国际恐怖势力汇聚的新据点。

尼日尔自2014年以来恐怖活动呈现出活跃态势，针对的目标有军警，及与西方有关的目标。尼日尔逐步演化为西非恐怖活动与反恐怖行动的一个前沿国家。

尼日利亚的"博科圣地"，具有持续的跨国袭击能力。虽然在2016年一度遭到沉重打击，但该势力很快掀起新一轮的恐怖活动。

其三，西亚—北非出现了一些新的恐怖活动中心地区。在阿尔及利亚、也门、索马里等地活动的恐怖分子，不仅继续活动，还有所扩展。也门的恐怖势力在2011年5月一度公开控制南部的一些地域。索马里恐怖势力的跨国行动能力有所强化，特别是针对肯尼亚的恐怖袭击非常突出，2015年4月初索马里恐怖势力在肯尼亚一所大学制造的恐怖袭击当天就造成了147人死亡。自2011年以来，肯尼亚境内发生的恐怖袭击持续增加，且都具有明显的国际性，发生在2013年9月内罗毕西门购物中心的恐怖袭击案就是一个典型。阿尔及利亚在2011年4月16—18日发生了多起恐怖袭击事件，2013年1月中旬发生了劫持人质的重大恐怖袭击。

而土耳其、沙特、突尼斯等国家，承受的恐怖威胁压力越来越大。国际恐怖分子、本国恐怖分子都在土耳其活动；突尼斯自2015年以来发生连续针对国际游客的袭击事件；沙特有不少极端武装分子参加叙利亚的暴力活动，增加了沙特的恐怖威胁压力，2014年起"伊斯兰国"势力在沙特开始制造恐怖袭击。

而利比亚、埃及和叙利亚成为国际恐怖势力聚合、活动的新中心。埃及国内形成了中、西、东三个恐怖活动带，国际恐怖势力从东、西两翼夹击埃及，国际恐怖分子在西奈半岛的活动很猖獗。经过2011年动荡以来的聚集，利比亚已经成为国际恐怖势力特别是"伊斯兰国"势力的一个国际活动中心，利比亚政府与国际社会已经动用了很多反恐怖资源予以打击，但远没有清除国际恐怖势力的活动据点。叙利亚自

2011年动荡发生以来就成为国际恐怖分子聚合的第一中心。

（二）东向恐怖活动"国际循环圈"的拓展

东向"循环圈"，自2011年以来也呈现了新一轮恐怖活动的膨胀，其主要表现有：其一，恐怖活动持续并呈现了新的活动地带。2011年以来，这一地区的恐怖袭击频繁发生，如2015年底到2016年印尼就连续发生恐怖袭击，2016年6—7月孟加拉国、马来西亚连续发生恐怖袭击。俄罗斯自索契冬奥会以来也面临持续的恐怖威胁高压，2017年4月彼得堡发生了地铁袭击的当天俄罗斯总统正在当地进行国事活动。阿富汗自2016年政治进程失败以来恐怖袭击就非常频繁。可以说，恐怖分子在这一时期变得更加猖獗。

在此前一些恐怖活动较少的地区，恐怖活动开始明显增加。缅甸的恐怖袭击活动自2016年以来开始增加。2016年7月，孟加拉国面对国际恐怖活动的持续猖獗不得不宣布遭受了"伊斯兰国"袭击。缅甸、孟加拉国成为国际恐怖分子在东向"循环圈"中的一个新的突破地带。

其二，新的恐怖势力凸显并采用新的暴恐袭击形式。本地区一些极端势力出现暴恐化的倾向。塔吉克斯坦在2015年发生了极端势力、恐怖势力实施的暴力袭击。中亚、南亚、东南亚不少极端势力面对国际恐怖活动猖獗的环境蠢蠢欲动，多方面策应国际恐怖活动并试图直接实施暴恐袭击活动。这一地区的极端势力的实力雄厚，是恐怖势力的巨大资源。

除了2015年塔吉克斯坦发生的暴力袭击，2017年9月11日到2018年1月，俄罗斯持续遭受了电话诈骗恐怖袭击，给俄罗斯造成了重大损失，2018年1月俄罗斯总统签署了严厉的打击法律之后，才得到遏制。此外，缅甸等地针对警察哨所的恐怖袭击活动，改变了之前对武器、弹药的态度，即恐怖势力对其不再销毁而是劫走。显然，恐怖分子试图囤积大量的武器弹药以图谋更大规模的暴力。

其三，新的国际恐怖活动中心。"伊斯兰国"势力试图在阿富汗北部组建国际活动中心的图谋越来越凸显，该势力在阿富汗北部制造恐怖袭击、对政府目标进行袭扰，试图在东向"循环圈"组建一个较大的国际恐怖分子活动中心，与西向"循环圈"中利比亚的活动中心对应。此外，菲律宾、印尼、孟加拉国都有恐怖极端势力宣布效忠"伊斯兰国"，是"伊斯兰国"扩展活动中心的重要支持。同时，"基地"组织势力也在组建"南亚分支"，扩展其活动中心。

（三）恐怖活动要素通过两个"循环圈"在全球的流动

恐怖势力组织能量的四要素，也是两个"循环圈"中的核心流动要素。每个要素的流动、循环都非常突出。

其一，恐怖组织网络、人员的循环流动。"伊斯兰国"势力从叙利亚、伊拉克、利比亚、土耳其等地向西、向东拓展网络，回流暴恐人员。这一循环现象自2015年10月起开始凸显。在西向"循环圈"中，"伊斯兰国"通过大规模难民潮等方式实现大批恐怖分子的回流、扩散，而在两个"循环圈"中，该势力都借助多地恐怖势力、恐怖分子回流"伊斯兰国"，恐怖分子既向来源地回流、也向第三方国家（区域）流动。通过恐怖分子的流动，"伊斯兰国"试图在两个"循环圈"组建多个活动中心。

西向"循环圈"中还有很多跨境流动。"博科圣地"在周边多国长期活动，索马里恐怖势力长期在肯尼亚实施跨境袭击，西非、北非的恐怖势力在马里地区合流活动，北非恐怖势力在向西非扩散的过程中延伸到了尼日尔、布基纳法索等地。北非的恐怖分子向欧洲渗透的能力很强，如欧洲多国发现了摩洛哥籍的恐怖分子活动。

其二，恐怖势力极端主义的循环、流动。"伊斯兰国"的意识形态、政权等目标，对很多极端组织、极端分子产生了强大的吸引力，或者从世界各地赶来入伙，或者宣誓效忠。而其武装"建国"的极端理念，会持续影响恐怖分子并成为恐怖势力的"历史记忆"。缅甸恐怖分子囤积武器，就是为了遵循这一极端主义理念；菲律宾的恐怖势力在2017年5月起与国家军事力量武装对峙五个月，也是受到"伊斯兰国"的影响。

"伊斯兰国"利用最新的社交网络平台，使得各股极端势力都有了独立宣传的可能，而极端暴力分子通过其在叙利亚等地的暴力活动现身说法地进行蛊惑，大大提升了其煽动的效应。

其三，聚合资源。"伊斯兰国"向全球特别是向西向"循环圈"走私石油、粮食、文物等，从全球招募人员。"伊斯兰国"的控制区有大片的土地和人口，能够实施有效统治，聚合诸多资源。

各"循环圈"中的恐怖势力也通过"循环"聚合资源。中亚的"乌伊运"被击溃后在阿富汗找到存身据点并在阿富汗聚合中亚多国的资源；众多恐怖组织通过参与西非的走私活动而聚合资源等。

其四，输出暴力。"伊斯兰国"向全球两个"循环圈"输出暴力自不必说，包括美国的"独狼"恐怖袭击也与"伊斯兰国"有明显的直接联系，或者这些"独狼"受到"伊斯兰国"的极端主义影响，或者到过西亚北非的恐怖活动猖獗地区；其回流分子针对西欧直接策划实施的恐怖袭击，更是第三阶段暴恐袭击的突出部分。

西向"循环圈"的暴恐袭击输出非常严重。极端势力在欧洲国家之间相互输出暴恐袭击。法国的恐怖分子能够到比利时、西班牙、德国进行包括暴力袭击在内的恐怖活动；而英国的恐怖袭击也与欧洲大陆国家相互联系，相互输送。索马里、尼日利亚的恐怖暴力都向周边国家输出。

东向"循环圈"也是如此。阿富汗、巴基斯坦的恐怖分子经常实施跨境袭击，阿富汗与中亚几个国家之间的恐怖袭击也是相互输出。中亚与俄罗斯之间的暴恐活动相互输出很明显，在俄罗斯活动的恐怖团伙中增加了很多中亚恐怖分子。而印尼、马来西亚、菲律宾的恐怖袭击相互输出的严峻程度导致三国在2017年实施联合巡逻的反恐怖举措。此外，"东突"恐怖分子在东向"循环圈"中多地的流窜能力增加，并试图寻求新的活动据点，以多方向向各国渗透。

第四节　恐怖活动阶段性高潮的原因及其走势

前述三个阶段的恐怖活动潮，之所以能够形成一个活动高潮，有两点共同的原因：一是恐怖势力组织能量的聚合；二是外在环境给恐怖势力提供了可能性。

一、恐怖势力的组织能量持续聚合

恐怖势力的组织能量决定着恐怖势力及其组织的行为能力。在这三个阶段，恐怖势力的组织能量在持续聚合、不断膨胀。恐怖势力聚合起来的这一系列能量看似有时是隐性的、分散的，但其总体能量很大；一旦遇到动荡，恐怖势力就可能会将这些隐性的、分散的活动能量整合起来，掀起新的恐怖活动浪潮。

（一）恐怖势力的组织化在不断强化

全球宗教极端主义旗帜下的恐怖势力，自西亚北非一些国家萌生后，在世界各地扩散、刺激恐怖势力的膨胀。在第一个阶段，恐怖势力的组织主要在国家本土范围内活动，突出的恐怖组织是埃及、阿尔及利亚、印尼等地的一些组织。到了第二个阶段，恐怖组织实现了全球化，"基地"组织成员、组织网络具有全球性，并与全球的恐怖势力有多种形式的联系，其恐怖袭击能力也具有了跨国性、全球性。到了第三个阶段，恐怖势力的组织形态向"极端政权"演变，"伊斯兰国"曾事实上控制了大片地域并实施极端主义统治，该组织在全球各地聚合资源、输出极端主义及其暴力的能力大大超过了"基地"组织。

（二）恐怖势力极端主义的影响力越来越突出

在一些特定的社会群体中，宗教极端主义的影响力难以有效遏制，如2018年5月在法国发生的恐怖袭击中，恐怖分子是在法国的车臣社群中被极端化的，其极端化不是个人的单一、孤立现象，而是一个几十人的团伙。在欧洲其他国家、在世界其他地区也存在类似现象。

当代恐怖势力的极端主义影响，已经能够大面积地推动不少青年"自我"极端化，虽然没有直接的组织招募，但通过极端主义的传播、蛊惑，就能够影响世界各地产生大批的"独狼"恐怖分子；仅仅通过网络"隔空"宣传，就能够从世界各地招募大批武装极端分子到叙利亚、伊拉克等地。

（三）世界长期存在众多恐怖分子盘踞的活动中心

在第一个阶段，埃及、阿尔及利亚、也门、阿富汗等地出现了一些恐怖势力长期存身的据点，但其数量与规模有限。但到了第二个阶段，恐怖势力就在尼日利亚、阿尔及利亚、菲律宾、中亚的费尔干纳平地、索马里、巴基斯坦等地长期活动。对于这些遍布世界各地的恐怖活动中心，国际社会与这些国家虽然做了很多反恐努力，但一直无法有效摧毁这些活动中心。2011年以来恐怖活动在马里、布基纳法索的活动大大增加。

在第三个阶段，2015年起国际恐怖分子开始有计划地实施全球化回流、扩散、转移。虽然各国抓捕了一些回流的恐怖分子，但更多的恐怖分子已经实现了回流并在不同的恐怖活动中心落脚。在阿富汗，回流的恐怖分子能够实施袭扰性的武装活动；在利比亚，国际恐怖分子开辟了新的活动中心。

除了偏远地区外，当代恐怖分子在城市等人群密集区的组织活动网络是非常多的，并能够成功地躲避打击。

二、动荡的时局诱因

三个阶段的恐怖活动高潮，无一例外都是社会剧烈、大面积的动荡所提供的机会。

第一个阶段，多个重大动荡共同给极端主义的膨胀、恐怖势力的聚集提供了机会，主要包括：埃及国内的思想混乱、长期的阿以冲突、伊朗伊斯兰革命扩散的宗教政治化浪潮、阿富汗战争、阿尔及利亚国内80年代的政治意识混乱及1991年12月大选结果被宣布作废导致的政治动荡。

第二个阶段，给恐怖活动潮提供机会的动荡主要有：苏联解体、海湾战争。苏联解体是世界范围内深刻的全面性的震荡，激发一系列的国际、国家震荡，并刺激了分离极端主义、宗教极端主义。苏联解体助长了极端民族主义和极端宗教势力的膨胀、催化了恐怖主义。冷战的结束和国际权力结构的失衡，使得新恐怖主义活动越来越泛化，寻求制造一切可能的恐怖暴力。[①] 以"基地"组织为首的国际恐怖主义活动猖獗，自布琼诺夫斯克人质事件后，俄罗斯和中亚的恐怖主义活动极度泛滥。而海湾战争不仅是中东地区政治的分裂也是美国"全球新秩序"霸权主义的张扬。海湾战争是一场"新"的战争，不仅是因为战争的现代化程度高，而且是因为这场战争发生在世界政治中最为动荡的中东；不是因为这场战争发生在1991年，而是因为它发生在冷战"铁幕"消隐之际。伊拉克入侵科威特事件发生不久，美国提出了"寻求世界新秩序"。海湾战争后不久，1991年4月美国厘清了"世界新秩序"目标和原则：全世界的政治民主化、经济私有化和价值观念美国化，其核心是美国主宰世界。海湾战争后，美国制定了"同时打赢两场局部战争"的新的地区防务战略，在海湾国家驻军，对伊拉克制裁13年（1990—2003年）。海湾战争所表现出的美国的中东霸权政策激起了极端分子以恐怖主义方式的回应。在阿富汗反苏战争结束后一度沉寂的极端分子被海湾战争唤醒了，其活动的泛滥演化为国际恐怖主义浪潮。

第三个阶段，最突出的动荡是阿拉伯世界的社会、政治动荡。这场动荡依然没有平息，在给全球恐怖势力提供着机会，如到2018年5月"伊斯兰国"势力在叙利亚依然公开占据着一些地区；利比亚的政局还没有实现稳定，国家还不能全力以赴打击恐怖势力盘踞的活动中心。

动荡，会呈现某种程度的无政府状态，从以下几个方面给恐怖活动潮提供机会：

第一，给恐怖势力活动提供机会。在动荡环境中，社会治理的秩序处于混乱状态，恐怖势力进行各种活动的空间会极大地增加。在聚合自身力量方面，恐怖势力能够迅疾聚合其力量，有组织地实施更多的、更大的政治与暴力行动；在各方面的政治、暴力力量的较量中，恐怖势力

[①] Danny Wayne Davis, AL-QAEDA and the Phinehas Priesthood Terrorist Groups with a Common Enemy and Similar Justifications for Terror Tactics, Ann Arbor: ProQuest Information and Learning Company, 2003, p. 177.

能够找到更多的参与重大政治、暴力活动的方式来追求其极端目标，2011年恐怖势力就加入了反卡扎菲政权的政治、武装阵营；针对民众方面，恐怖势力能够针对动荡及其相关一些问题在民众当中进行极端主义蛊惑、煽动，扩大恐怖势力及其组织的影响力。事实上，能够参与动荡就是恐怖势力最大的机会。

第二，国家政府的反恐怖能力、精力被牵制。动荡之中，国家及其政府需要全力应对各种挑战、困难，打击与防范恐怖主义的精力就会受到严重牵制，甚至根本没有精力顾及恐怖势力。2011年叙利亚出现动荡后，国际、国内恐怖势力急剧增加，叙利亚政府却难以集中力量予以打击。

第三，乘思想混乱之机散布极端主义。社会、政治动荡，往往伴随着思想动荡与混乱。社会政治思潮反映当时社会的普遍性和根本性矛盾的社会张力，为社会张力的解决或消除提供设想或方案，并随社会张力的演化而演化①。社会、政治动荡不一定会激起思想动荡与混乱，但思想动荡与混乱一定会催生、引发社会、政治动荡。这三个阶段的动荡中，都有思想动荡的因素。第一个阶段，宗教泛化、宗教政治化开始凸显；第二个阶段，苏联解体增加了世界对现代主义的质疑、增加了宗教政治化的动员力；第三个阶段，阿拉伯世界2011年以来的动荡中夹杂着宗教政治化、自由主义理念的冲撞。而思想动荡与混乱增加了社会、政治动荡的复杂性，问题更难以解决。恐怖势力则能够乘思想动荡、混乱的机会，更便利地散布其极端主义。

第四，诱发国际社会的战略误判。面对这三个阶段的动荡，国际社会特别是西方大国，总是做出战略误判，在动荡面前犯了这三个方面的战略错误：暴力干预优先而不认真考虑动荡的实际情况，政治颠覆优先而不认真考虑社会、政治秩序的基本需求，霸权利益优先而不认真考虑极端主义、恐怖主义势力的膨胀。

1979年苏联入侵阿富汗后，美国为首的国际社会大力支持极端武

---

① 如中国的"西化思潮"在近代以来不断地演化，在当前与全球化意识相结合。参考张世保：《从西化到全球化》，东方出版社2004年版。

装分子进入阿富汗，而对这股极端势力既没有任何"去极端化"的引导，也没有在战争后做妥善的安置；对喀布尔政权，美国也是简单地、一味地打击，特别是在1989年苏联撤离时拒绝与喀布尔政权合作，导致1989年后阿富汗迅疾陷入持续的内战之中。在2003年颠覆伊拉克政权后，美国将萨达姆政权的军队、政府简单地解散了之，导致巨大的安全问题，社会、政治秩序混乱。2011年阿拉伯世界发生动荡后西方国家将颠覆作为第一目标，对恐怖势力、极端势力的膨胀置若罔闻，甚至予以支持、利用。

美国为首的西方国际社会在重大动荡中出现战略误判，或者是由于战略短视而不能从战略视野来谋远见，或者是出于自私目的，不顾恐怖势力膨胀给动荡局面增加的压力，认为自身可能超然事外。一个基本的结论是明确的，在这三个阶段的重大动荡中，美国为首的西方力量都发生了重大的战略误判。

三、未来的趋势

2017年12月，伊拉克宣布全部收复了"伊斯兰国"盘踞的据点后，国际恐怖活动会向什么方向发展？基本的判断角度有两个，即：恐怖势力的组织能量的存在、聚合状况；是否有动荡机会给恐怖势力提供可乘之机。

（一）全球恐怖势力的组织能量惊人

"伊斯兰国"盘踞的地域被收复了，其极端主义政权形态被打掉了，这是国际社会的重大胜利，但该势力聚合了大量的极端暴力人员，这些人员的回流基本完成。在"伊斯兰国"极端政权存在的三年间，给该势力带来了很大的"品牌"影响力，该势力能够在世界各地动员很多"独狼"。"基地"组织势力及其分支，也在2011年以来的动荡中四处活动，包括组建南亚分支组织，在全球恐怖分子回流潮中，"基地"组织势力也会继续活动。

世界各地的本土恐怖势力，被第三个阶段的恐怖活动激发了起来。

2015年塔吉克斯坦的恐怖分子图谋袭击、颠覆政府。且这些恐怖组织有很强的组织存活能量,尼日利亚"博科圣地"组织在2016年12月下旬被政府宣布摧毁,但在2017年1月中旬就在尼日利亚制造了一次大学校园恐怖袭击,在1月下旬袭击了尼日尔的一处军营。

到2017年12月,全球恐怖势力的组织能量比2011年5月本·拉登被击毙时,大大增加而非减少了。只要其恐怖势力的组织能量存在,特别是能量巨大时,恐怖势力就会实施恐怖活动、恐怖袭击。

(二)动荡风险与战略误判风险

在世界各地,依然存在许多动荡的风险。当前的阿拉伯动荡依然没有走向社会与政治发展的平稳状态。利比亚、也门、叙利亚处于严重的政治、武装对立之中,索马里的混乱状态同样在持续。世界很多地区存在发生重大社会、政治动荡的风险。

而美国等西方社会力量,在下一次世界之大动荡中,是否还会发生战略误判而给恐怖势力提供可乘之机?

(三)恐怖活动常态化及反恐压力

恐怖威胁日常化,普通民众的日常生活和社会事务,如外出旅游、跨国打工、运动会与世博会等社会经济活动,都直接面临恐怖主义袭击的威胁。国际反恐怖斗争与反恐怖合作,越来越成为国家间关系中的一个重要领域和问题,而反恐怖斗争与合作渗透到各项国际事务中,不仅增加国际事务的成本,还增加了一系列问题。

恐怖主义依然在世界各地活跃。除恐怖活动热点地区与反恐怖前线地带外,世界其他地区和国家也面临着恐怖主义的严重威胁。国际化、本土化,成为当代国际恐怖主义的两大并行特征。欧洲面临的恐怖主义威胁日益本土化,美国本土恐怖主义威胁也在激增。[1] 非洲、东南亚的本土恐怖主义组织与国际恐怖主义组织的结合步伐在加快。

恐怖袭击的威胁使得日常生活无处能够寻找到安全场所。地铁、公交车、市场等任何公共场所都笼罩了恐怖阴云。民众在日常生活中无法

---

[1] 《美国高官称本土恐怖主义威胁加剧》,新华网,2010年9月23日,http://www.cnr.cn/china/newszh/yaowen/200909/t20090912_505467251_1.html。

辨认、判断恐怖分子从何处（国际还是国内）来、恐怖袭击在何时发生，只能将恐怖袭击威胁的压力置于日常生活的每个环节之中。旅行、外出工作，都可能遭到恐怖袭击或绑架。

反恐怖斗争成为国际事务中的一个常量。反恐怖演习增加并成为常规的活动，国际反恐怖会议次数、规模增加，各种国际会议中大多涉及反恐怖内容。显然，反恐怖的成本在大大增加。反恐怖斗争与各种国际事务结合、与国内事务纠织，还使得国际、国内事务复杂化。美国与阿富汗、巴基斯坦在反恐怖斗争合作中的矛盾时常激化。"在全球化时代，恐怖主义已成为国际政治的常态，也成为我们日常生活中的一部分。"[1]

---

[1] 朱素梅：《恐怖主义成为"常态"?》，载《世界知识》2008年第22期，第5页。

第五章
反恐怖武力打击行动

　　反恐怖工作包括三个环节，第一个环节是严厉打击。包括事件处置、对恐怖分子的抓捕与处置、严厉追击及摧毁其组织能量，最突出的是武力打击。只有严厉打击恐怖活动、恐怖分子、恐怖组织，才能遏制恐怖主义的嚣张气焰，为其他两个环节做准备，因而是反恐怖工作的基础。第二个环节是防范恐怖活动要素的流动与扩散。恐怖势力组织能量的四个要素，能够在全球范围、在各国间、在国内的各个地区间畅通流动，是恐怖活动的一个基本条件，遏制这些要素的流动就会让恐怖主义窒息并逐步瓦解恐怖活动。第三个环节是社会治理。恐怖主义有着深刻的社会条件，消除这些条件才能彻底消除恐怖主义；社会治理等综合反恐怖策略必须与武力反恐怖策略结合运用。

　　严厉打击特别是反恐怖武力打击，是反恐怖工作的基础。没有武力反恐怖，"不反而恐怖自止"，或者是一种幻想，是对恐怖主义极端暴力性质认识不清的幼稚表现；或者是一种反动，是对恐怖势力的一种代言。

　　众所周知，在国际社会加大对恐怖主义的武力打击之下，国际恐怖主义尚且依然猖獗，若国际社会对恐怖主义的暴力活动听之任之，将武力束之高阁，恐怖分子会自动停止其极端暴力活动吗？回答是否定的，他们只会更加极端与狂妄。

　　当前国际社会反恐怖工作确实表现出某种"越反越恐"的现象。

这种现象，既是恐怖势力在遭到打击后的反弹，也是因为存在武力打击恐怖活动的错误行动，包括将反恐怖武力打击与霸权、侵略等战略联系起来，武力反恐怖策略在与其他反恐怖策略相互配合时出现失衡。但目前国际社会恐怖主义猖獗现象的出现，错误不在于武力反恐怖策略本身，也绝不在于对恐怖势力的严厉武力打击，而在于打击不足；在恐怖分子制造死亡时不敢以武力打击其恐怖主义气焰，只能使恐怖主义更加泛滥。

恐怖暴力有着自身的疯狂逻辑，一旦恐怖主义浪潮涌起，不遏制这一浪潮的疯狂势头，反恐怖社会治理工作无法开展，其成效也无法巩固。

第一节 武力在处置恐怖主义事件中的运用
——武力营救人质案例分析

武力打击能够摧毁恐怖组织的活动能量及其气焰；配合及协同打击，可形成统一高效的武力反恐怖体系。反恐怖工作必须首先对恐怖势力及其组织实施直接、严厉的武力打击，遏制其嚣张气焰；为进一步的反恐怖主义工作提供基础。对恐怖主义浪潮会成为恐怖主义泛滥根源的任何轻视和幻想，都可能导致对恐怖主义的纵容、鼓励，而使得恐怖主义气焰更加嚣张。

恐怖势力及其组织，以极端暴力方式杀害平民生命、毁坏公共建筑目标；以极端暴力方式宣扬其极端政治思潮和主张；以极端暴力方式制造恐怖效应，且往往会产生模仿效应。得逞的恐怖暴力只会走向更加极端。恐怖主义一旦成了气候，就会带动一大批极端分子仿效，进而推动恐怖主义的进一步膨胀、扩散，这是恐怖主义暴力泛滥的原因。"9·11"事件以及阿富汗战争、伊拉克战争后，国际恐怖组织的本土化策略得以实现并掀起新一轮的国际恐怖袭击浪潮，"伊斯兰国"

突起带动了新一波全球恐怖活动潮,全球恐怖分子回流成为重大威胁。

恐怖事件处置中,武力的使用是必须的,因为恐怖袭击就是暴力的行为。在恐怖暴乱中、在砍杀与枪击等恐怖袭击中,迅疾、坚定的武力反应是一种必须的反恐怖行动。对这一常识的质疑、犹疑、否定,只能使普通民众遭到更大的恐怖袭击伤害,只能使恐怖分子的气焰更加嚣张。

俄罗斯发生的四次重大劫持人质恐怖事件,即1995年的布琼诺夫斯克人质事件、1996年的基兹利亚尔人质事件、2002年10月的莫斯科人质事件和2004年9月的别斯兰人质事件,都极具代表性,俄罗斯的武力解救人质行动也成为主要的反恐怖行动实例。

一、布琼诺夫斯克—基兹利亚尔人质事件

(一) 两个事件及其关联

第一次车臣战争中俄罗斯军队攻占了叛军的重镇格罗兹尼,6月13日俄军攻下叛乱势力最后一个较大据点沙拖伊后,以巴萨耶夫为首的车臣恐怖分子在1995年6月14日制造了布琼诺夫斯克人质事件,劫持了1000多名人质,包括市政府职员、银行职员,该市一少年宫的一些青少年和一家医院的450名医护人员和约500名病人等。

恐怖分子要求俄军停止进攻格罗兹尼并撤离车臣。其首要目的就是迫使俄军结束车臣战争,保存车臣分离势力的残余力量。

在该次事件中,共造成126名人质死亡,200多人受伤,经济损失高达1710亿卢布。[①] 布琼诺夫斯克人质事件标志着俄罗斯境内恐怖主义开始了质变,车臣分离势力也最终完成了恐怖化的转变。劫持人质已经开始成为车臣恐怖分子实施恐怖活动的一个特点。1996年1月9日,600多名车臣恐怖分子在拉杜耶夫(车臣分离运动总头目杜达耶夫的侄

---

① 徐振泽、孙景源、舒梓:《车臣之鉴:俄罗斯恐怖事件根源及教训》,社会科学文献出版社2005年版,第62—69页。

女婿）的率领下，制造了基兹利亚尔人质事件。

恐怖分子占领了市立医院和妇产医院，将居民、医院里的病人和医护人员总计 3000 多人劫持为人质。恐怖分子要求俄罗斯必须撤走 1994 年以来在车臣的军队，后来又把条件提高到让俄军撤出整个高加索地区。在交涉无果、恐怖分子气焰进一步嚣张的情况下，1 月 15 日，俄罗斯军队发动强攻解救人质。

（二）武力行动及其思维的转变

布琼诺夫斯克人质事件发生后，俄政府立即调遣"阿尔法"特别行动队进行武力解救，但由于"阿尔法"特别行动队对恐怖分子的情况基本不了解，而事前俄罗斯政府对车臣极端分子策划发动突发恐怖事件也毫无防范意识，事件使当局措手不及。在武力解救人质无果的情况下，为保证人质安全，俄联邦政府基本满足了恐怖分子的要求。6 月 19 日，俄军开始撤退，恐怖分子撤回车臣。

布琼诺夫斯克人质事件中，俄罗斯政府的武力解救计划很无力，对恐怖分子做出了根本性的让步。俄罗斯政府无原则的让步极大地助长了恐怖分子的嚣张气焰，半年后叛乱势力将活动扩展到达吉斯坦共和国。面对基兹利亚尔人质事件中恐怖分子不断膨胀的野心，俄罗斯政府放弃了对恐怖分子的幻想，开始采取坚定的行动。在恐怖分子带着 162 名人质往车臣撤退时，俄罗斯形成了两道防线。

（三）武力解救人质行动的成果和经验

正是由于布琼诺夫斯克人质事件的教训，俄罗斯在解救基兹利亚尔人质时取得成功。基兹利亚尔人质事件的武力解救成功之道之一就是善于吸取教训。

武力解救基兹利亚尔人质事件取得成功的经验具体表现在以下三方面。

首先，武力解救行动迅速。人质事件发生后，俄罗斯军队迅速包围恐怖分子占领的医院，当恐怖分子撤离时俄罗斯军队立即尾随。一旦出现局势变化（恐怖分子拐进"五一村"）立即形成两层包围圈，并在谈判的过程中缩紧包围圈，使恐怖分子的援兵到来前能够迅即反应、发动进攻。吸取布琼诺夫斯克人质事件中"不知彼"的教训，在几天的谈判过程中，俄军通过空中侦察掌握了恐怖分子的武力部署情况和人质关押方位，给解救人质行动提供了依据。俄军队刚一发动进攻，就占领了关押人质的清真寺和一所小学，使歹徒大量杀害人质的阴谋未能得逞。

其次，基兹利亚尔人质事件发生后，俄罗斯高层的行动表明了解救人质的决心，加强了武力解救的行动能力。执行部门措施果断、策略灵活，不仅避免了人质的重大伤亡，还将大部分恐怖分子就地歼灭。

再次，俄罗斯的武力营救行动与政治压力互相配合。基兹利亚尔事件中，俄军保持军事压力并调兵遣将切断恐怖分子后路。当车匪将人质推向阵地前沿充当"人体盾牌"时，俄军迅速调整策略，停止进攻。俄联邦中央随即责成当地政府组织居民集会抗议恐怖行动，对恐怖分子形成强大的政治、舆论和军事压力。

基兹利亚尔事件结束的当天，叶利钦发表了一份《告俄罗斯公民书》，以在政治上打击恐怖分子。《告俄罗斯公民书》指出杜达耶夫非法武装分子实际上已失去了曾取得的车臣广大民众的支持，因为恐怖分子不仅把车臣人民而且把整个高加索人民变成自己的人质。

（四）武力解救人质行动的教训

在布琼诺夫斯克人质事件中，因为武力解救人质的行动未能实施，所以武力解救行动整体上未获成果。

首先，当时俄罗斯的反恐怖意识和反恐怖武备都极为松懈。上百名恐怖分子竟能携带大口径武器穿过一道又一道俄军哨卡，深入俄罗斯境内100多公里，制造这样的惊天大案。俄罗斯各级情报部门或毫无察觉，或接到报告却不予处置。俄罗斯高层、军队的反恐怖意识极其淡薄。在对车臣分离分子武装力量的军事行动取得胜利之际，忽略对其恐怖活动的应有警惕。实际上，越是正面军事战场取得胜利之际，恐怖分子越可能疯狂地制造恐怖事件。

当时俄罗斯高层解决车臣问题的思路仍然是政治解决，且叶利钦总统当时正在加拿大参加"7+1"峰会，俄罗斯根本没有充分认识到这是一场新的威胁。人质事件发生后，到1995年6月29日最高层讨论人质事件专题会议时，对恐怖分子的活动情况仍然无法详细掌握。政府采取的应对措施不得当，行动混乱，各个部门介绍的情况都不一样，强力机构无法协调行动，以至于造成大量人员伤亡。

其次，此时俄罗斯国力有所衰落，对用政治手段解决车臣问题产生了过度的偏好，并且夸大了这种办法的效用和可行性。布琼诺夫斯克人质事件中对恐怖分子的退让以及之后在车臣问题上的政治退让都证明：没有武备力量作为基础的政治解决方案，最后不可避免地沦为对极端分子的纵容。

布琼诺夫斯克人质事件后，双方就停止战斗行动、交换战俘释放人质、收缴武器、各种政治力量都可以参加竞选等事项达成了妥协，但在关键问题上立场相距甚远。1999年8月底至9月中旬，车臣恐怖分子在俄罗斯首都莫斯科和其他一些城市连续制造了五起严重爆炸事件，大批车臣武装分子两次潜入近邻达吉斯坦共和国制造叛乱。俄罗斯不得不进行第二次车臣战争以清剿恐怖分子的基地。

最后，基兹利亚尔事件的武力营救，虽然是一个成功的战例，但也表现出了三个薄弱环节：一是，不能及时掌握恐怖分子的劫持活动；二是，武力解救虽然取得成功，但付出的代价过于沉重；三是，对恐怖分子实施直接攻击的部队人数有2700多人，加上外围的军队总数达数万人，但陷入重围的几百名恐怖分子中的大半（包括恐怖分子的头目）却得以逃脱。

二、莫斯科—别斯兰人质事件

莫斯科人质事件与别斯兰人质事件，是在相对封闭的空间里发生的恐怖事件，常常被研究者放在一起进行比较分析。

（一）武力解救行动

2002年10月23日晚21时许，以巴拉耶夫为首的50多名车臣恐分子携带大量武器和爆炸物，潜入莫斯科轴承厂文化宫剧院劫持800多名现场观众及演职人员，恐怖分子要求政府停止车臣战争并在一周内从车臣撤军。围绕剧院俄罗斯展开了武力营救。莫斯科人质事件发生后，营救指挥中心发现恐怖分子开始枪杀人质，随即命令特种部队展开营救行动，最终有750名人质被救，118名人质死亡，包括头目巴拉耶夫在内的34名恐怖分子被击毙。

2004年9月1日新学年开学的第一天，30多名车臣恐怖分子在别斯兰市第一中学将参加开学典礼的约1200名师生和家长扣作人质。恐怖分子要求俄罗斯从车臣撤军，释放6月因袭击印古什而被逮捕的恐怖分子。

当地警察和俄联邦内务部队迅速包围学校，成立由国家安全总局牵头的"解救行动指挥部"，调集特种部队等对目标实施多层包围。经过了近52个小时的对峙，期间恐怖分子杀害23名人质。9月3日突然发生爆炸，部分人质开始外逃，恐怖分子随即向逃跑的人群开枪，特种部队冲进学校与恐怖分子展开激战、解救人质。事件中大部分人质获救，但造成重大人质伤亡，至少有338名人质死亡，191人失踪，443人受伤。俄特种部队官兵10余人牺牲。

（二）经验总结

两起人质事件中的解救行动是比较成功的，成功经验表现在如下三个方面：

第一，高层领导显示出了坚定的反恐怖决心和意志，保障了武力解救行动有强有力的统一指挥而避免了诸多干扰。莫斯科人质事件发生后，普京总统当即取消了次日的出访活动，组成了由总统和强力部门负责人为核心的事件处理领导班子，直接领导指挥解救人质行动；别斯兰事件发生后总统普京迅速回莫斯科，在机场立即召开了俄强力部门领导人参加的会议商讨营救对策。普京总统表达出对恐怖分子毫不妥协退让的坚定反恐怖意志：一是，立即做出武力营救的决定；二是，在车臣问题上绝不改变政策，坚决打击分离分子、维护国家统一。尽管政府面临来自各方面的巨大压力,①但普京坚持:在恐怖分子释放人质的前提下可保证其生命安全,其他问题一概免谈。俄政府要求国内媒体有关报道必须以官方口径为准,并对国外媒体现场采访进行严格审查和限制。普京把谈判作为"周旋"策略,一直与强力部门协调完善解救人质计划。

第二,武力解救行动迅速、部署周密。特种部队率先赶到文化宫现场,迅速完成部署,进入战备状态。并于23日晚间就已经开始实施解救方案。营救指挥中心通过观察发现恐怖分子先抵抗、后引爆的特点,确定了解救人质的具体战术,内外夹击,一举歼灭恐怖分子。特种部队将含麻醉催眠性的气体泵入剧场内,以迅速麻醉恐怖分子的中枢神经,使其丧失抵抗力。别斯兰事件后,俄罗斯根据基兹利亚尔—"五一村"解救的成功经验制定了解救别斯兰人质方案。

第三,以政治和舆论策略相配合,争取国际社会和本国民众的理解和支持。俄罗斯决不屈从恐怖分子的要挟,明确将事件定性为恐怖活动,积极寻求在全球反恐怖大形势下国际社会的支持。10月24日,联合国安理会一致谴责劫持人质的恐怖行为,并呼吁无条件释放人质。

在人质出现重大伤亡后,总统发表讲话请求遇难人质的亲友予以原谅,从而缓解部分民众的不满情绪。莫斯科市民积极配合政府的行动,其实他们中大多数人并没有亲友被困剧院。②

(三) 反恐怖行动的教训

莫斯科人质事件的解救工作,存在值得人们反思方面:一是,麻醉催眠气体的适应程度。麻醉催眠气体在解救工作中确实起到了主要作

---

① 包括右翼政党在内的俄一些政治势力不断向政府施压,要求当局接受恐怖分子的部分条件以确保人质安全。部分民众特别是人质家属亲友,也希望政府能够退让以换取人质安全获释。25日,70多名人质亲属在红场集会,要求满足恐怖分子的条件,使人质早日获释。大多数民众对事态发展的前景表示悲观。国际社会也希望俄能妥善解决人质危机。一些所谓社会名流和媒体的行为给营救行动带来严重的负面影响。戈尔巴乔夫主张对车臣分离主义分子做出适当的让步,以顺利解决人质危机。还有人对普京的车臣政策提出批评,要求停止对车臣战争。24日,全国电视台公布了人质向普京总统吁求结束车臣战争的画面。25日午夜,俄罗斯车臣战地女记者波利特科夫卡娅充当调停人与绑匪会谈。她要求普京必须表态结束车臣战争,否则恐怖分子将采取"最极端的措施"。其实,他们不自觉地帮助了恐怖分子。

② 《中国青年报》,2002年10月28日。

用，但其副作用如此之明显，的确值得慎重考虑其使用中的适用度；西方媒体、莫斯科卫生健康部门提出质疑，各方面将解救人质时释放的"不明气体"炒得沸沸扬扬。二是，媒体的负面作用。一些记者不负责任的言论和一些片面的报道，播放少数民众呼吁答应恐怖分子要求的画面，媒体倾向于答应恐怖分子要求的报道以及一些记者片面要求政府妥协退让的舆论，都助长了恐怖分子的气焰。三是，俄罗斯在反恐怖斗争问题上仍然存在麻痹大意思想，莫斯科人质事件前恐怖分子已在莫斯科地区制造了数起恐怖事件，但有关部门并未引起高度重视。

别斯兰人质事件的武力解救过程中暴露出来的不足：一是，行动应变能力严重不足，本应"速战速决"的特种作战变成长达三小时的"攻坚战"，造成大批人质和家属伤亡。解救行动中缺乏应变能力、现场指挥员的权力受限，营救行动指挥部不敢负起责任，只是在消极等待上级的指令，行动的最后决策权掌握在总统手中。[①] 二是，组织工作薄弱，致使解救工作出现混乱。解救发起冲击的时机选择不是方案中预定的，而是面对突发变故的情况被迫采取的。解救方案中仅仅设想在恐怖分子撤离时实施解救、没有先机处置和随机应变的准备。解救方案没有研究突击点，也没有行动示意图，对恐怖分子的情况不清楚，仓促作战而致使武力解救行动带有很大的盲目性。由于对可能出现的伤亡估计不足，医护人员和车辆明显缺乏。三是，没有使用反恐怖特殊武器，在解救行动中，俄罗斯部队使用的是常规兵器甚至用重火器，高技术特种兵器未投入使用。四是，媒体的负面作用。众多媒体对别斯兰人质事件报道在国际社会形成了声讨恐怖分子的舆论声浪，是报道的主流。但媒体报道存在严重的失控：报道现场失控、报道内容失控、机密信息失控、细节报道失控、血腥场面报道失控。一些媒体片面强调影响力而随意将营救行动的机密向外界传播，使恐怖分子及其外部同伙轻意获取，从而使得解救行动陷于被动。

---

① 中国现代国际关系研究院：《2004年国际恐怖主义与反恐怖斗争年鉴》，时事出版社2005年版，第340页。

三、武力解救人质分析的启示

通过对俄罗斯重大人质事件武力解救进程的分析，我们可以就武力解救人质问题得出以下几点启示：

（一）武力解救人质必须体现坚定的反恐意志

武力解救人质，必须向恐怖分子传递一种信息，即政府的反恐怖意志是坚定的，绝不会向恐怖行为妥协退让。这样，才能打消恐怖分子的侥幸念头，遏制恐怖主义的猖獗势头。两强相遇勇者胜。

一旦给恐怖分子发出妥协退让信息，必然会助长恐怖分子劫持人质的恐怖活动气焰。车臣恐怖分子在布琼诺夫斯克劫持人质事件中得逞，极大地刺激了车臣非法武装对恐怖手段的偏爱。此后不久，1996年1月9日，就发生了基兹利亚尔人质事件。车臣分离主义在第一次车臣战争后向恐怖分子转化，与俄罗斯政府的妥协退让态度有直接关系。1999年8月底至9月中旬车臣恐怖分子连续制造五起严重爆炸事件，并潜入达吉斯坦共和国制造叛乱，俄罗斯不得不付出第二次车臣战争的高昂代价来清剿恐怖分子的巢穴基地。战争的代价，是比解救人质更为沉重的。

只有后来俄罗斯政府坚定决心、坚决打击恐怖活动，才遏制了恐怖主义的猖獗势头。恐怖分子绝不会因为政府的退让而停止恐怖活动。可以说恐怖分子的欲望是永远无法满足的，恐怖分子的每次得逞，都会纵容鼓励恐怖分子更疯狂的行为和更疯狂的恐怖欲望及目标。

（二）解救人质的理想目标是使人质全部安全获救

在武力解救人质过程中，人质的安全是整个事件中各方关注的焦点。不仅恐怖分子挟持人质，提出各种要求；人质也会通过公共传媒呼吁政府满足恐怖分子的要求；人质家属也自发表达对人质生命安全的关注；媒体出于各种名利目的报道时往往过分渲染人质事件；一些政治派别利用人质生命安全争取政治声势；人质安全、人质事件会引起国际社会的关注。

如果武力解救行动导致大批人质遇难,不仅会产生不良的政治影响和社会影响,还会使国家的反恐怖能力遭到质疑。这些都十分不利于反恐怖斗争。

恐怖分子在人质处理问题上,一方面要借人质所受的安全威胁而向政府施加压力;另一方面恐怖分子必须表明人质有安全获释的可能性以避免政府的武力打击。武力解救人质,必须在恐怖分子的这种矛盾心理中寻求突破点,最大程度地保障人质生命安全。

(三) 行动制胜需要一体化力量

武力解救人质行动只有在国家反恐怖力量形成整体合力时才能够发挥积极的效用。

首先,国家与社会必须时刻高度重视恐怖分子的活动,提高全民的反恐意识和自防能力,不给恐怖分子以可乘之机。其次,需要坚持强化反恐怖武装力量建设,兼具有备、迅捷、周密、有力等素质。再次,"高效非致命性武器"的研究和运用已经成为急迫的课题,拥有恐怖分子所没有的装备,掌握恐怖分子难以掌握的技术,方可出奇制胜。此外还有单兵专业反恐怖特种武器装备、反生化技术装备、轻便式陆海空反恐怖专用平台等,都是解救人质的重要装备。最后,武力解救行动需要保持一体化才会使行动有力,各方面力量在解救人质的行动上保持协调一致,不仅政府各部门行动一致,国家与社会力量也要保持一致,武力行动与舆论保持一致。

第二节 精确打击、有限行动的反恐怖武力打击行动

对恐怖势力骨干分子、聚在据点的恐怖分子团伙,实施远程精确武力打击,是比较突出的反恐怖武力打击行动。

一、以色列的"Targeted Killing"武力行动

自 2000 年以来，以色列公开采取"Targeted Killing"模式，打击了许多巴勒斯坦激进组织领导人。

"Targeted Killing"[①] 这一名词，是 2000 年 9 月巴以间爆发大规模冲突后才为世人所熟悉。2000 年 9 月 28 日，以色列极右翼领导人沙龙强行进入东耶路撒冷穆斯林圣地阿克萨清真寺，引发了巴以间大规模流血冲突；2001 年 3 月沙龙上台后的强硬政策导致巴勒斯坦激进组织针对以色列人的枪击和自杀性爆炸事件频繁发生，双方冲突不断加剧。以色列随之采取"Targeted Killing"武力打击，目标主要是：正在策划或蓄谋对以色列目标发动恐怖袭击者，或曾经负案在身者，通常把打击对象集中到某一组织的领导人身上。

以色列对这一手段给出的理由是：一是，打击对象正在策划、蓄谋对以色列发动恐怖袭击，或者该对象曾经负案在身；二是，消除恐怖威胁的有效手段只能选择在他们作案前清除目标；三是，虽不能消除以色列所面临的所有恐怖威胁，却能对恐怖分子起威慑作用；四是，用最小的突击行动，减少了自身战斗人员的伤亡和平民的损失。以色列实施相关打击的手法主要有三种：空地联合攻击；定时炸弹暗杀；特种狙杀。

（一）"Targeted Killing"武力打击的典型活动

巴勒斯坦统计，自 2000 年 9 月以来，以色列已通过"Targeted Killing"行动杀死了 150 多名巴勒斯坦武装人员，包括那些因拒捕而被击毙的武装人员。以 2004 年 3 月 22 日对"哈马斯"运动创立者、精神领

---

① 通常将该词语译为"定点清除"，易于引起歧义，故采用"Targeted Killing"。"清除"一词难以作为"killing"一词的直译，而作为意译也不当。在中文词典里"清除"的释义是"扫除净尽"，举例清除积弊、清除内奸，被清除的对象多为不洁、不良的目标。以色列跨境打击实施"Targeted Killing"打击的合法性在国际社会多有争议，以"Killing"作为中性的词，表达其跨境武力行为，是国际社会矛盾的一种折射。在中文里，若以具有褒义的"清除"一词翻译"Killing"，可能在国际社会会引起对中国态度的误解。"清除"一词的释义参考，中国社会科学院语言研究所词典编辑室编：《现代汉语词典》（第五版），商务印书馆 2005 年版，第 1113 页。

袖亚辛的袭击和2004年4月17日对"哈马斯"新任领导人兰提斯的袭击影响最大。2004年9月26日,巴勒斯坦"伊斯兰抵抗运动"("哈马斯")领导人伊兹·谢赫·哈利勒在叙利亚首都大马士革遭到以色列袭击身亡,其实施超出巴勒斯坦地区。到2007年5月20日,以色列决定将加大在加沙地带的军事打击力度,并可能对巴勒斯坦"哈马斯"和"杰哈德"中的高级官员实行"Targeted Killing"。

(二) 安全方面的成效

以色列通过"Targeted Killing"打击方式,在一段时期内明显减少了巴勒斯坦激进组织针对以色列的恐怖袭击活动,也使得"哈马斯"等反对以色列占领的激进组织的许多重要领导人的活动转入地下。哈马斯精神领袖亚辛遇袭身亡后,巴勒斯坦各组织派别领导人往往具有不可替代的号召力和组织力,"哈马斯"并没有立即在以色列境内展开自杀式爆炸袭击行动以进行报复。

在以色列国内,"Targeted Killing"政策也获得了大部分公众的支持。据2001年以色列《国土报》的一项民意调查表明,90%的以色列人支持"Targeted Killing"政策。在以色列的政治中,安全是核心。当有一种政策能给以色列人带来安全时,即便这种安全只是暂时的、短期的,以色列人也会毫不犹豫地接受,这一武力打击能暂时消除和减少恐怖袭击威胁,以色列人也普遍选择了拥护。

从军事意义上看,这一打击模式以最小规模的力量进行突击行动,可减少己方战斗人员的伤亡和平民的损失,并对激进组织起到震慑作用。以色列还将这一手段作为实施单边撤离计划的打击清障手段。在持续的以巴暴力冲突过程中,这一模式已经成为以色列打击巴勒斯坦敌对力量的主要手段。

(三) 负面影响

这一打击模式无法从根本上解决以色列所面临的恐怖威胁,却最终又使得巴以关系陷于新一轮的冲突僵局,最终给巴以关系的解决增加而非减少了障碍。以色列采取这一打击行动时,打击的目标或是在居民区,或是在城区的汽车内,多数情况下"目标"周围都有平民,无辜的平民就成了最大的受害者。这无异于是集体惩罚。

而亚辛的遇刺激起全世界强烈反应,把亚辛单纯地看作恐怖分子是不适当的。袭击亚辛的暴力绝不会止于亚辛的死亡,而是暴力恶性循环的新开端。以色列还将打击范围扩大到巴勒斯坦以外的其他地区,挑战国际法的基本准则。以色列对巴勒斯坦人过度使用武力,也造成了严重的人道主义危机。因此这一政策一直备受争议,在以色列国内也出现了比较大的反对声音,左翼梅雷兹党呼吁政府停止一切不必要的"Targeted Killing"行动。有27名飞行员甚至公开拒绝执行"Targeted Killing"行动任务;就连美国也表示过不满。通过武力将以色列人的安全建立在损害他人利益的政策之上,只能使以色列对武力的依赖和迷信程度更深,也增加了沉重的历史包袱。

二、俄罗斯与美国的远程精确打击

俄罗斯对恐怖分子骨干,实施过远程精确打击,美国也长期在其境外使用无人机打击。虽然有不少的反恐怖成果,但也带来很突出的负面影响。

(一)俄罗斯主要的精确打击行动

1996年4月21日晚—22日凌晨,俄罗斯依据全球定位系统准确锁定了恐怖分子头目杜达耶夫,随即以空地导弹将其击毙。2002年12月车臣政府大楼遭遇自杀性汽车炸弹袭击(造成80多人死亡)以及别斯兰人质事件后,俄罗斯公开强调在反恐怖中实施精确、主动的反恐怖行动,但排除了对恐怖分子使用核武器的可能性。

2003年3月20日,车臣恐怖分子头目哈塔卜在伦敦被俄罗斯秘密处死。自1993年以来,哈塔卜一直从事针对俄罗斯的恐怖活动,其恐怖活动造成了250多人死亡。2004年2月13日,被国际刑警组织通缉的恐怖分子头目扬达尔比耶夫在卡塔尔首都多哈被俄罗斯处死。2005年3月8日,车臣恐怖分子头目马斯哈多夫被打死,别斯兰人质事件就是他与巴萨耶夫策划和制造的。2006年7月10日,车臣恐怖分子重要头目巴萨耶夫被击毙,车臣总理卡德罗夫曾表示,如果巴萨耶夫被消灭,车臣战争99%就结束了。巴萨耶夫曾试图在2006年八国集团峰会在俄罗斯召开之际制造恐怖事件。

(二) 美国在世界各地的无人机打击恐怖分子行动

美国自2001年开始使用无人机进行反恐行动。最初,美国的无人机打击目标主要是恐怖分子重要骨干、头目,如2002年在也门打死了"基地"组织骨干分子萨利姆·希南·艾哈买提,他策划了2000年在亚丁湾对美国军舰"科尔"号的袭击。2005年美国在与阿富汗、巴基斯坦边境地区击毙了"基地"组织的三号人物阿布·哈姆扎·拉比耶。2008年起美国实施无人机打击恐怖分子的次数显著上升。在奥巴马政府时期,美国以无人机实施对恐怖分子的打击次数、目标都在急速增加,从就职到2014年1月3日,奥巴马政府发动了327次无人机反恐行动。[①] 2011年以来,美国无人机反恐攻击的范围从也门、阿富汗、巴基斯坦迅速扩大到索马里、利比亚,还在西非尼日尔建立了无人机打击的基地。

(三) 远程精确打击的反恐作用

"擒贼先擒王",车臣恐怖分子的重要头目相继毙命,车臣恐怖分子制造恐怖活动的能力因此被大大削弱,"2005年是俄罗斯反恐怖斗争的转折年"[②]。击毙恐怖分子骨干还可以振奋民众的反恐怖精神、打击恐怖分子的嚣张气焰。打击恐怖分子头目,还可以最大限度地孤立恐怖分子,随着"斩首"行动打击成效的扩大,武装分离分子在车臣民众中获得的支持越来越少。击毙恐怖分子骨干与头目,还可以进一步产生政治影响,在八国峰会进行之前处死巴萨耶夫,除了安全保卫上的意义外,对俄罗斯的国际声誉也是一个保证。

美国无人机打击恐怖分子的行动,其反恐怖正面影响有:其一,击毙恐怖分子骨干分子与头目,对恐怖分子形成震慑。美国宣称从2004—

[①] Bruce W. Jentleson, American Foreign Policy: The Dynamics of Choice in the 21st Century (fifth edition), New York: W. W. Norton & Company, Inc. 2013, p.307.

[②] 中国现代国际关系研究院反恐研究中心:《2005年国际恐怖主义与反恐怖斗争年鉴》,时事出版社2006年版,第35页。

2013 年，美军已经运用无人机击毙 28 个 "基地" 组织领导人和 50 多名恐怖分子。[①] 击毙恐怖分子头目可以有效遏制恐怖组织的活跃程度。其二，无人机能够实施快速打击，成本较低，大幅度减少地面部队。其三，无人机反恐怖打击配合反恐怖战略，包括配合国家在整体反恐怖力量部署、赢得民众支持等方面的工作。无人机反恐行动得到美国国内较为广泛的支持，2017 年 "伊斯兰国" 在叙利亚溃败之际美国加强了在西非、东非的无人机打击能力。

（四）"精确"武力打击行动的局限性

武力精确打击行动的主要目标就是恐怖分子的重要头目，也有明显的不足：其一，无人机、导弹等远程精确打击无法全面彻底地消灭恐怖分子。俄罗斯恐怖分子在 "斩首" 行动打击高压下的活动愈加分散和隐蔽，并出现向周边转移开辟 "第二战线"，2011 年后车臣恐怖分子大批地到叙利亚、伊拉克活动。

其二，远程 "斩首" 打击行动很可能引来一些外交上的非议和矛盾。如 2003 年 3 月在伦敦处死哈塔卜、2004 年 2 月在多哈处死扬达尔比耶夫后，都引发了一系列外交交涉。俄罗斯曾空袭位于邻国格鲁吉亚境内的车臣叛军训练营和匿藏地点，仅 2002 年，格鲁吉亚已经先后六次指责俄罗斯空袭潘基西峡谷。尽管俄罗斯每次都予以否认，但的确给国家间关系带来了较大的负面影响。为了避免引起国际争端，俄罗斯正在加大与美国、北约、英国以及以色列等在反恐怖上的合作，俄罗斯还特别强调这种打击模式是在仿效以色列的做法。美国在也门、巴基斯坦的很多无人机反恐行动是当地国根本不知情的，引发了对其违反国际法和美国法律的批评，美国反复强调无人机反恐行动是有严格的审查程序，不是滥用武力。其实施标准包括：现实而紧迫的恐怖威胁；难以地面发起针对恐怖分子的打击行动；符合战争等相关国家法基本原则。[②]

---

① S. Hal, l "Help Wanted: American Drone Program Needs Multifaceted Support to be Effective", Journal of Strategic Security, Vol. 7, No. 4, 2014, p. 65.
② Amitai Etzioni, "The Great Drone Debate", Military Review, March – April 2013, pp. 5 – 6.

其三，无人机、导弹等反恐怖打击行动会造成大量无辜平民伤亡。2004—2013 年 10 月，美国在巴基斯坦的无人机打击行动中平民死亡人数占总死亡人数的 16%—25%。① 2013 年 12 月，美国将也门一个新婚车队当作恐怖分子而实施了无人机袭击，造成无辜平民死亡。

三、精确武力打击的逻辑

精确武力反恐怖打击行动，有其自身的逻辑：

（一）破坏中枢逻辑

破坏中枢逻辑是指打击极端组织首脑以使该组织在一段时间内处于瘫痪状态。

"斩首"打击行动的直接目标是极端组织的核心人物，袭击或追杀这些核心人物的确可以破坏这些组织的行动中枢，大大削弱这些组织的行动能力甚至在一定时期令这些组织处于涣散、瘫痪状态。这样，就可以减轻所面临的恐怖威胁。

极端组织中的头面人物在该组织中的作用往往是无可替代的。如车臣官员就认为，处死巴萨耶夫等于完成打击车臣恐怖分子工作量的 99%。"哈马斯"自亚辛遭到袭击伤亡后多次宣布停火并停止一些带有军事色彩的大型活动。2002 年，以色列共发生了 54 起自杀性爆炸事件，到 2004 年降低到了 20 起，对以色列造成的人员伤亡也降低了 50% 以上。②

此外，直接打击极端组织的头目，还有更重要的震慑逻辑，俄罗斯在对车臣恐怖分子头目追杀后，也通常随之以对恐怖分子的政治打击，历数其恐怖罪行。

（二）精确和持续逻辑

这一打击行动，要求武力行动必须具有精准性，即武力打击的精确

---

① Khalid Iqbal, "Drones under UN Scrutiny", Defence Journal, Vol. 17, Issue 6, January 2014, p. 68.

② 人民网，2004 年 03 月 24 日，http://news.tom.com/1002/20040324-772839.html。

性和情报的精确性。军事科技的发展使精确打击成为可能，各国的精确打击能力大大提高。但即使是在军事科技极大进步的条件下，误伤平民的情况时有发生，且从未能避免。精确打击是一个持续的打击过程，只有持续的打击才能够逐渐消耗恐怖组织的行动能力。此外，精确打击还需要各国军事实力的持续保障。

恐怖分子与恐怖组织就活动在平民中间和社会生活当中，因此武力打击恐怖分子和恐怖组织就需要极高的精确性，将打击目标精确锁定在恐怖分子及其组织中。在解救人质、导弹袭击、飞机轰炸、短兵相接以及抓捕等行动中，平民很容易成为受害者。在阿富汗、巴基斯坦、伊拉克等地，反恐怖军事行动误伤平民的事件和人数都是极高的数字。

精确打击恐怖分子，还需要保护平民和社会秩序所要求的基本人权。一旦伤害民众的尊严、生活来源，可能将一些民众推向恐怖组织一边。在斯里兰卡、俄罗斯的车臣等地，由于武力反恐怖中对相关民众人格尊严的伤害，出现了"黑寡妇""童子军"等恐怖分子现象。

精确打击具有时效性，即对恐怖分子和组织的及时打击。对恐怖组织和恐怖分子实施恐怖活动前予以打击，是最佳时机（将恐怖主义消弭于无形，从根源上或社会渠道上消除恐怖组织的活动，是社会反恐怖的目标），其次是在恐怖暴力实施的过程中精确地予以打击而避免重大损失。没有时效，就意味着可能丧失良机。

时效性的另一层含义，是武力打击恐怖组织和恐怖分子需要在较短的时期内有较为明显的成效，否则就会造成反恐怖打击的拖延，导致恐怖主义气焰的进一步嚣张。反恐怖武力打击若不能在一定的时段内有成效，还会耽误其他反恐怖策略的实施，不但增加直接反恐怖的经济和物力成本，还会延误反恐怖行动，致使一系列反恐怖成本（如社会发展成本）大大增加。

（三）战略视野及其谨慎、有限的行动逻辑

武力打击反恐怖行动，必须要有清晰的战略指导，其直接目标是消灭恐怖分子、摧毁恐怖组织、打击恐怖暴力活动，遏制恐怖分子的嚣张气焰；其长远目标是服务于反恐怖整体战略。武力打击策略是整体反恐怖策略的一个组成部分，必须与政治打击策略、社会打击策略相配合，特别是要把武力打击作为其他策略实施的一个基础性或保障性条件。没有长远战略和严谨的计划、没有认真的准备、没有精确的实施，武力打击恐怖分子的活动就会是混乱的、盲目的。那样，不仅直接打击恐怖组织和恐怖分子的效果不佳，反而可能将武力打击的盲目混乱状态及一些薄弱环节暴露给恐怖分子。那样，武力打击甚至可能起到反向效应，鼓励恐怖分子的进一步活动。

远程精确打击模式本身就决定着这一武力的适用，在武力使用规模上和武力打击目标上都是有限的，最核心的是打击目标的精确性。无限扩大这一打击行动的运用范围将引发重大的政治危机，很容易犯下打击面扩大化的错误，会产生政治上的孤立。

以色列在一段时期明显增加了用"Targeted Killing"手段打击巴勒斯坦武装人员的次数，甚至把相对温和的"法塔赫"骨干也列入了打击的黑名单，所用的武器也不断升级。其扩大化的行动使以色列在国际社会陷入进一步的孤立。除美国外，国际社会对以色列这种极端做法纷纷予以谴责，虽然联合国安理会谴责以色列的决议因为美国的反对而未能通过表决，但美国也请以色列"考虑行动的后果"。

这一打击模式往往会演化为军事行动，有的国家开始提出"越界打击"反恐怖理念，这是一种十分危险的倾向。2004年9月，以色列在叙利亚首都大马士革袭击"哈马斯"主要领导人，就引起外交关系的紧张。土耳其军队越界打击土耳其库尔德工人党武装，是"斩首"打击模式扩大化的另一个典型，实际上是一种战争打击行为。当伊拉克局势稳定后，土耳其越境军事行动的长远不良影响可能会逐渐显现。印度也在近期提出"越界打击"策略，值得注意。

武力反恐怖，与政治反恐怖、社会反恐怖等举措一并构筑成完整统一的反恐怖体系。轻视武力反恐怖、盲信武力反恐怖，都是对反恐怖策略体系的破坏。武力反恐怖策略必须与其他策略相互配合、协同，方能达到良好的反恐怖成效；其他反恐怖策略必须在武力反恐怖策略取得成效后迅速跟进，以保障、巩固武力反恐怖的成果，并进入反恐怖的新阶段。割裂反恐怖策略会导致不同层面反恐怖策略实施的成果被浪费；严重的可能还会给恐怖分子和组织以可乘之机，引起恐怖浪潮的蔓延、高涨。

（四）武力打击需要形成、保持长效威慑

武力打击的反恐怖行动，在恐怖猖獗的情况下，是最低成本和第一防线的反恐怖行动。较多武力打击反恐怖行动，需要形成对恐怖势力及其组织的长效威慑，形成对恐怖分子及其活动的长期、高效的防范机制；不仅将暴力恐怖袭击降到最低点，同时由于武力震慑力的有效存在而不必要大规模地实施武力打击，以"零武力"状态达到震慑恐怖分子、降低恐怖暴力的目的。

长效威慑，可以震慑恐怖活动的气焰，避免恐怖暴力袭击形成大的浪潮，这就大大降低了反恐怖的生命成本和物力成本。而长期高效的武力反恐怖能力保障，是防范恐怖活动浪潮形成、泛滥的第一防线。

长效威慑，需要灵活高效、机制化的武力及其策略相呼应。机制化的长效威慑，方可保障长期的武力打击能力；高效灵活的长效威慑，意味着要求避免僵化和高度警惕性。俄罗斯解救人质事件中暴露出了一些反恐怖行动中机制僵化的薄弱环节，而第一次反恐怖斗争则暴露出武力反恐怖策略不具有长期的战略思考，鼓舞了恐怖分子并给恐怖分子以可乘之机。

保持武力打击恐怖分子及其组织的长效威慑，必须保持清醒的认识，除上所述，这一清醒的认识还包括对武力反恐怖有限性的认识，即不可迷信武力，决不可认为武力是反恐怖的根本策略；事实上，武力反恐怖是反恐怖斗争策略和体系中的一个组成部分而非全部，更非根本性的策略。武力反恐怖必须与其他反恐怖策略协同、配合，方能够取得反恐怖成效。"越反越恐"现象就是迷信武力反恐怖的一个恶果。

第三节　战争反恐怖行动分析

"9·11"事件后，美国发动阿富汗战争，开始了其战争反恐怖历程。美国反恐怖战争的战略辐射，从阿富汗到伊拉克、中亚、南亚，通过从伊拉克推销"大中东计划"进而控制整个中东、再以"非洲司令部"控制非洲。显然，美国赋予了战争反恐怖行动远超出反恐怖本身的内涵。

尽管车臣恐怖分子在第一次车臣战争后的疯狂活动迫使俄罗斯进行了第二次车臣战争，但第二次车臣战争的一个主要任务就是打击车臣恐怖分子的基地。俄罗斯战争反恐怖的核心是摧毁恐怖分子活动基地。

一、国内战争反恐怖打击行动分析

伊拉克、土耳其、索马里、尼日利亚等国家在一定程度上都采取过国内战争的方式打击恐怖势力，但在影响、规模上，俄罗斯的第二次车臣战争最为突出。

（一）战争的反恐怖性质

1995年布琼诺夫斯克人质事件后，车臣分离武装分子转向暴恐化，杜达耶夫公开号召以"无规则的战争"将暴力袭击引向俄罗斯的城市，实质就是"恐怖战"，车臣成为一个"巨大的恐怖主义营地"。1998年8月底和9月初连续在莫斯科、布伊纳克斯克和伏尔加顿斯克制造了五起震惊世界的爆炸血案，并袭击达吉斯坦共和国，点燃了第二次车臣战争的导火索。第二次车臣战争具有鲜明的反恐怖性质。

1999年8月，第二次车臣战争爆发，主要目标是摧毁恐怖分子的车臣基地，打击恐怖分子的嚣张气焰。1999年9月30日，俄军从东、北、西三个方向打击车臣恐怖分子。2000年2月，俄罗斯宣布在车臣军事打击恐怖势力的行动结束，俄军进入歼灭车臣山地匪徒的阶段。到2000年6月中旬，战争基本上平息了下来。俄罗斯基本击溃了恐怖势力的据点和其大规模暴力活动的能力，达到了战争反恐怖的目的。

(二) 成果和经验

第二次车臣战争在反恐怖层面的最大成果是铲除了车臣恐怖分子的公开活动巢穴，从而使恐怖分子的活动失去了公开的依托基地，许多分裂主义恐怖分子的头目被歼灭或受重伤。之后，车臣恐怖分子被迫转入山区和地下分散活动。车臣战争重创了车臣恐怖分子，给车臣分离分子以毁灭性打击。

第二次车臣战争中没有出现第一次车臣战争中军事行动摇摆、犹豫而贻误战机的情况。因此进展较为迅速，反恐怖战争的成果明显。由于车臣分裂势力越来越走向极端主义和恐怖主义，其危害越来越明显。俄罗斯的反恐怖战争得到了各政党和民众的普遍支持。同时，第二次车臣战争中俄罗斯军队做了充分准备，不再轻敌。而第一次车臣战争中俄罗斯的不同政治力量对战争的态度是不同的，在俄罗斯有很强的反战声音，削弱了军事行动能力。

(三) 失误和不足

车臣军事反恐怖行动，在军事上未能完全彻底消灭分离主义恐怖分子的武装力量，相当一部分车臣恐怖武装分子逃出俄罗斯军队的包围，逃进山区利用便利的地理环境负隅顽抗。这样，给此后的清剿行动增加了巨大困难。

与美国发动的阿富汗战争、伊拉克战争相比，俄罗斯的车臣反恐怖战争进行的时间较长，伤亡惨重。第二次车臣战争阵亡4100多人，受伤约1.6万人。据美国官方公布，在伊拉克战争中死亡的美军人数为128人。美国发动的阿富汗反恐怖战争用了两个月，伊拉克战争不到两个月，就摧毁了对手的主要军事力量。第二次车臣战争却进行了半年。

虽然第二次车臣战争的花费远比美国发动的反恐怖战争费用低得多，但30亿美元以上的开销对于长期低迷的俄罗斯经济来说，仍然是一个沉重的负担，拖累了其经济的复苏。

俄军在车臣反恐怖作战中暴露出来的种种问题，很大程度上与俄罗斯整个国家机制正处于转型时期有关。由于综合国力不济，军费匮乏，导致装备、训练、军饷等处处捉襟见肘，甚至在作战的关键时刻，总统普京不得不亲往前线解决军饷问题。与此同时，俄军和各强力部门正处于大转型与重组过程中，这都大大影响了作战效能的发挥。

二、境外战争反恐怖行动

境外实施大规模反恐怖军事行动是非常重大的反恐怖工作，但国际社会也长期有境外大规模反恐怖武力行动。第一类，跨境在邻国打击本国恐怖势力，典型的是土耳其跨境到伊拉克打击本国库尔德恐怖势力及其营地；第二类，跨境打击邻国的国际恐怖势力，典型的是尼日利亚周边国家与尼日利亚合作打击"博科圣地"的活动，肯尼亚等国出兵索马里打击"索马里青年党"的活动；第三类，海外打击国际恐怖势力，典型的是美国在阿富汗打击"基地"组织活动据点、俄罗斯出兵叙利亚打击"伊斯兰国"势力的大规模军事行动。第三类境外反恐怖战争最为突出。

（一）阿富汗反恐怖国际战争

美国在阿富汗的反恐怖战争，从开始以来一直持续到当前。"9·11"恐怖袭击事件后，美国迅速认定是在阿富汗活动的"基地"组织所为，并要求当时阿富汗的塔利班政权交出"基地"组织头目本·拉登等。塔利班要求美国提供"基地"组织制造"9·11"事件的证据，但遭到美国拒绝。于是美国在2001年10月7日发动了代号"持久自由"的阿富汗反恐战争，2014年12月29日美国宣布阿富汗战争结束，但直到当前，美国仍在阿富汗留驻大批军队。

美国利用"9·11"事件后在国内外获得的支持和同情迅速组织了反塔利班联盟。2001年9月12日安全理事会通过第1368（2001）号决议，支持美国的相关反恐怖行动。美国的打击目标是阿富汗境内的"基地"组织的训练营、阿富汗塔利班政权的军事力量。美国在战争中形成了阿富汗"反塔联盟"（塔吉克、乌兹别克、哈扎拉三个少数民族为主的"北方联盟"武装），这些力量全力对"基地"组织发动地面进攻，美军动用空军进行密集轰炸予以支持并利用军事技术优势切断"基地"组织成员的逃跑路线。12月7日，守卫坎大哈的塔利班军队决定向普什图族武装投降。12月9日，塔利班控制的最后一个省（查布尔省）宣布投降，塔利班的统治结束。这样，在不到两个月的时间里，美国就迅速摧毁了曾经占有阿富汗90%领土的塔利班政权。

在阿富汗战争后，2003年美国发动对伊拉克战争的公开理由是伊拉克萨达姆政权隐藏有大规模杀伤性武器、暗中支持恐怖主义等。"9·11"事件后，美国宣布向恐怖主义开战，将伊拉克等多个国家列为支持恐怖主义的"邪恶轴心国"。美国的战争反恐怖策略开始扩大化，服务其霸权目标。奥巴马就任总统后调整美国的战争反恐怖策略，在伊拉克收缩兵力而增加在阿富汗的兵力，以集中在阿富汗的反恐怖军事行动。特朗普政府继续加强在阿富汗的军事存在，应对国际恐怖分子回流潮。

（二）阿富汗战争反恐怖的成效分析

美国在阿富汗的反恐战争行动成效可以从三个层次进行分析：对恐怖组织（分子）的直接打击，长周期有效打击；战争造成的重大人员（特别是平民）伤亡和物资消耗、对生产和社会生活环境的破坏；反恐怖斗争模式的成本—收益比较。

其一，对恐怖势力的短期打击与成效打击。在阿富汗战争中，有500—800名"基地"组织成员被打死，"基地"组织元气大伤，残余分子在阿富汗战争后的一段时间里四处逃窜疲于奔命。阿富汗战争摧毁了支持"基地"组织的塔利班政权，不仅使"基地"组织失去了在阿富汗的立足基础，也震慑了其他与恐怖组织有联系的势力。阿富汗战争沉重打击了国际恐怖主义。

从美国角度看，战争反恐怖行动确实在一定程度上减缓了美国面临的恐怖威胁。尽管阿富汗反恐怖战争后，国际恐怖主义迅即掀起一股恐怖狂潮，但恐怖分子再也没有能力策划发动类似的"9·11"事件。

从整个国际社会看，在国际社会形成强大的反恐怖声势，对国际反恐怖斗争是有利的。而一些国家在国际反恐怖斗争中的态度转变是比较积极的。阿富汗反恐怖行动也向国际恐怖分子传递一个明确的信息：整个国际社会是坚决反对恐怖主义行为的。在阿富汗的武力反恐怖行动，对国际恐怖活动有一定的震慑作用，"东突"等恐怖组织在言行中有所收敛。

但阿富汗战争没有能够有效地聚歼"基地"组织成员，不少恐怖分子逃散到世界各地，随后掀起了一波恐怖袭击浪潮，2002—2005年国际社会出现了一系列重大恐怖袭击，都与"基地"组织势力有关。阿富汗战争后的恐怖袭击都发生在美国境外。可以说，通过反恐战争，美国成功地将恐怖主义引向境外，却也给其他国家造成了危害。

其二，战争破坏力巨大。战争并没有在阿富汗迅速有效地抑制恐怖活动和实现阿富汗重建，而是将阿富汗长期拖入战争。战争的拖延以及战争行为的失误导致了平民的巨大伤亡。恐怖袭击、毒品生产……自美国发动战争以来依然如战争前一样天天在阿富汗消蚀着这个国家的生机。

其三，战争成本—成效的比较。战争的持续使得美国等国家的军队伤亡人数不断增加。这些伤亡官兵的家庭所承受的痛苦是战争反恐怖成本的一个不可忽视的方面。越来越多的官兵对"反恐怖"名义下的战争持反对态度。

阿富汗战争体现了美国等国家迷信高科技军事技术，简单地将塔利班政权等同于恐怖组织予以战争武力打击，让美国陷入持续的被动。现在，塔利班政权在阿富汗依然具有相当的实力，阿富汗创建中遇到的重大问题，都无法绕开这一现实。如果当初美国和国际社会在对阿富汗发动战争问题上能够更加慎重一些，则可以减少阿富汗的暴力、战乱、对立和仇视现状。阿富汗战争的草率和持续，在阿富汗国内播种、加深仇视与对立，加剧了阿富汗民众对美国等外来势力的反感和仇视情绪。

（三）俄罗斯在叙利亚的反恐怖战争行动

2015年9月30日，俄罗斯在叙利亚正式空袭"伊斯兰国"恐怖势力。到2017年12月伊拉克、伊朗宣布打击"伊斯兰国"取得胜利后，俄罗斯在12月11日也宣布在叙利亚的打击恐怖势力的行动胜利结束并从叙利亚撤军。但到2018年4月中旬美国向叙利亚军事设施发射了100多枚导弹，俄罗斯从叙利亚撤军受阻。

俄罗斯在叙利亚的战争反恐怖行动，有几方面的成效：一是，极大地打击了国际极端势力"伊斯兰国"，摧毁了其在叙利亚的活动中心；二是，沉重地打击了聚合在"伊斯兰国"旗下活动的车臣恐怖分子，防止其回流俄罗斯；三是，初步稳定了叙利亚局势，有利于消除恐怖势力活动造成的动荡环境；四是，提高了俄罗斯在国际社会的反恐怖形象。

（四）反恐怖战争的巨大成本

反恐怖战争的成本是非常巨大的：

其一，战争的长期化。阿富汗战争从2001年至今，事实上一直没有结束。虽然美国留驻阿富汗获得重大战略资源，但其负面影响是显而易见的，仅仅是战争的长期化就足以形成巨大的包袱，影响美国国内问题的解决、全球战略的拓展。

其二，恐怖势力的疯狂报复。2002年起，从阿富汗流窜到各地的"基地"组织分子与当地恐怖势力汇合，掀起了一系列恐怖袭击，如巴厘岛袭击、伦敦袭击、马德里袭击等等。美国的阿富汗反恐怖战争后持续的恐怖袭击浪潮说明这一反恐怖战争的成效不佳。[①] 美国将阿富汗战争扩大化，通过对伊拉克战争以实现"大中东计划"的目标。而事实上国际恐怖主义借伊拉克战争后动荡的中东和国际局势而强劲回潮。2015年9月俄罗斯在叙利亚实施空袭后，2015年10月31日俄罗斯客机在西奈半岛遭到恐怖袭击，217名乘客和7名机组人员全部遇难。

其三，国际矛盾激化与北约野心膨胀。俄罗斯在叙利亚打击"伊斯兰国"后，2015年11月24日俄罗斯一架战斗机被土耳其击落，随后俄罗斯针对土耳其车队进行了有限的报复。之后，这一矛盾虽然很快被

---

① Scott Atran, "Mishandling Suicide Terrorism", *The Washington Quarterly*, Summer 2004, p. 67.

两国领导人克制性地解决，但这一起严峻的军事冲突事件，存在升级的风险。

阿富汗反恐怖战争后，整个国际社会的恐怖主义威胁依然长期存在。对于战争的发动者美国来说，阿富汗反恐怖战争的最大失误在于将战争反恐怖的任务无限扩大化。美国对阿富汗战争在反恐怖之外增加了两个更艰难的任务：一是在阿富汗树立"输出民主样板"；二是借助美军和北约在阿富汗和中亚的军事存在，控制中亚这一战略要地。因此，阿富汗战争的后续工作成了长期的军事干预。美国和北约在阿富汗长期的军事存在和内政干预，不仅成为一个沉重的军事负担，还成为国际社会认定是导致阿富汗安全形势恶化、毒品继续泛滥成灾、重建步伐缓慢等现实的直接原因。

美国试图借助反恐怖战争控制中亚地区，引发新的地缘战略利益的碰撞，导致地区国际关系紧张。因此，相关国家越来越怀疑美国的反恐怖战争意图。美国的这一战略成本巨大。

三、战争反恐怖模式的条件

因为战争反恐怖模式是武力强度最高的反恐怖形式，所以其使用条件和反恐怖成效都有其特殊性。各国不会排除战争反恐怖模式，大多数国家的战争反恐怖是隐形的，将大规模的军事打击和反应能力作为一种震慑作用。

（一）打击聚合状态的恐怖势力

俄罗斯车臣反恐怖战争和美国的阿富汗反恐怖战争是在恐怖分子活动范围相对集中于基地的情形下进行的。战争反恐怖模式也只有在类似情形下方可发挥最佳效应，以武力优势集中消灭恐怖组织和恐怖分子。但在打击那些处于极其隐蔽状态或分散状态的恐怖组织和恐怖分子时，运用战争反恐怖模式就会陷入高成本低收益的境地。

除在反恐怖战争进行状态中体现武力的摧毁能力和打击能力外，战争反恐怖中的武力震慑作用在常态反恐怖斗争中运用得更多，即强大的军事威慑力量的存在及其迅速动员能力。因为战争反恐怖模式最低的成本是震慑,是不战而屈人之兵。

(二) 成本巨大及其军事打击目标的有限性、明确化

战争反恐怖是武力强度最高、战略成本也最高的反恐怖形式。不认真考虑战争的巨大负面效应、不认真分析其他的替代反恐怖方式,轻率地采取战争甚至陷入长期的战争中,是对战争反恐怖模式的误用。美国陷入阿富汗反恐怖战争之中、以色列处于长期的战争反恐怖状态,是反恐怖战术运用不当的较典型案例。

在运用战争方式进行反恐怖斗争时,必须有明确的反恐怖目标,达到这一反恐怖目标即可。战争反恐怖战略目标的核心就是摧毁恐怖分子活动的重要基地,因此战争反恐怖要围绕明确的打击目标,制定战争计划,限定战争规模、范围和时间。

而现实中战争反恐怖模式的失误和失败,往往是由于战争反恐怖战略目标与其他战略目标相混同或交织,从而导致战争反恐怖的综合成本(战争费用、政治压力、长期的战争状态阻碍了社会发展)无限增加,最终腐蚀了反恐怖成果,而并没能摧毁恐怖组织的巢穴及其恐怖活动能力。

美国对阿富汗反恐怖战争赋予了更多的战略目标,特别是将与恐怖组织没有联系的萨达姆政权确定为直接打击目标,将"改造中东"作为长远战略目标。这一乌托邦式的霸权战略导致反恐怖战争负荷过重、成本过高而陷于被动和无功。① 美国在第二次世界大战中的军事行动时间主要集中在1941—1945年,阿富汗及伊拉克反恐战争从2001年开始至今已过了17年多。

战争反恐怖战略目标的模糊,很大程度上受到更高战略目标的影响。但战争反恐怖战略目标的模糊直接导致战争目标的泛化,似乎战争打击目标无处不在、又无处可觅,致使战争反恐怖出现盲区,这是致命的。反恐怖前线国家须认清武力运用在反恐怖斗争中更多地应该是策略

---

① 【斯洛文尼亚】斯拉沃热·齐泽克著,涂险峰译:《伊拉克:借来的壶》,三联书店2008年版,第105页。

性的，扩大武力反恐怖会削弱反恐怖成效，① 消除恐怖主义需要从其根源上治理。

（三）反恐怖战争往往与其他政治目标交织

武力的运用永远无法止于武力本身，因为战争是政治的延续、政治的工具。② 而且"作为战争最初动机的政治目的，既成为衡量战争行为应达到何种目标的尺度，又成为衡量应使用多少力量的尺度"。③

美国发动阿富汗反恐怖战争之前，国际社会予以普遍的同情、理解甚至支持，国际社会具有很强的反恐怖认同感。但到了以反恐怖为名的伊拉克战争，由于反恐怖战争的理由遭到国际社会强烈质疑，欧洲盟友也大多反对扩大反恐怖战争的做法，④ 美国在政治上陷入孤立和被动境地。车臣恐怖分子制造了一系列重大恐怖事件后，俄罗斯进行的车臣反恐怖战争在政治上获得了立足之地。

政治性不仅仅表现在战争发动之初，而是伴随战争的全程。俄罗斯在车臣反恐怖战争全程实行政治动员。⑤ 阿富汗及伊拉克反恐战争对塔利班政权力量和萨达姆政权力量采取单一的武力打击，忽略了政治手段。在阿富汗和伊拉克的重建中，政治矛盾更加凸显，致使反恐怖战争陷入长期化和动荡化之中。

肯尼亚出兵索马里也不仅仅是打击在索马里的恐怖势力，还有地区要素；俄罗斯在叙利亚打击"伊斯兰国"也有明显的地缘政治考虑。一旦涉及战争，就会连带很多的政治因素，需要极其谨慎。

---

① Scott Atran, "Mishandling Suicide Terrorism", *The Washington Quarterly*, Summer 2004, p. 67.

② 列宁从克劳塞维茨的《战争论》中归纳出"战争是政治的延续"这一经典格言，《孙子兵法》在《计篇第一》中强调军事行动的逻辑有五个原则，第一个就是"道"。"道"即"令民与上同意也，故可与之死，可与之生，民弗诡也"。"道"强调的是政治第一。

③ [德]克劳塞维茨著，中国人民解放军军事科学院译：《战争论》（第一卷），商务印书馆1982年版，第33页。

④ European Parliament, *MEP's debate the use of force in international relations*, Public Hearing, Committee on Foreign Affairs, February 24, 2006.

⑤《全程舆论动员：俄罗斯车臣反恐怖战争的事件及启示》，新华网，2007年12月17日，http://news.xinhuanet.com/mil/2007-12/17/content_7265498.htm。

（四）反恐怖战争的善后工作艰巨

战争是破坏力极强的暴力，反恐怖战争也是如此，战争反恐怖模式的运用必然会带来一些负面影响。反恐怖战争的善后工作不仅能够弥合战争的创伤，还能促进战争反恐怖成果的转化和巩固。反恐怖战争的社会工作除了社会发展、政治安定等方面的重建外，还要考虑民众个人权利的保护。[①]

俄罗斯在车臣反恐怖战争后着力恢复车臣社会秩序，以政治、经济和社会发展促进车臣地区的稳定，逐步撤出在车臣的驻军。战争反恐怖后最初一段时期内的军事威慑是必要的，但更急迫的是要迅速处理善后工作，理顺重建工作。

战争本身所必然伴随的秩序震荡，就是恐怖分子活动的空间。在阿富汗反恐怖战争后，有理由相信国际恐怖主义仍然是国家间关系关注的重要部分。[②] 不仅战争后的重建是一个巨大的任务，从中东和更广阔的世界历史来看，战争往往催生动荡和恐怖主义。[③] 伊拉克战争、阿富汗战争、叙利亚动荡后这些国家的恐怖主义活动都持续泛滥。反恐怖战争后应该迅速恢复秩序，理顺各政治力量之间的关系。任何一场战争的善后工作都是艰巨的，如果这场战争具有国际性，则善后工作会更为复杂。

战争反恐怖需要慎之又慎。

[①] Gerald L. Neuman, "Counter-terrorist Operations and the Rule of Law", *The European Journal of International Law*, Vol. 15 no. 5, 2004, p. 157.

[②] Amritha Venkatraman, *Kashmir: Islam and Terror*, Ann Arbor: ProQuest Information and Learning Company, 2005, p. 4.

[③] 吴云贵：《三大战事与恐怖主义》，郝时远：《族际冲突与恐怖主义》，载王逸舟主编：《恐怖主义溯源》，社会科学文献出版社2002年版，第280—312、182—236页。

第六章
反恐怖防范与社会治理

"9·11"事件后，恐怖主义不断演化为一个似乎难以控制并在不断增强的威胁。[①] 遏制、防范当代恐怖势力的进一步膨胀，消除恐怖势力在当代全球化国际社会中蔓延的条件，是反恐怖斗争的必然要求。国际社会存在严峻的恐怖主义问题，需要以公平正义和社会进步加以治理。

第一节 反恐怖防范工作及其逻辑

恐怖组织和恐怖分子在社会空间中活动并获取恐怖能量。恐怖组织的活动能力取决于恐怖经费的筹集、恐怖人员的招募、恐怖组织的筹建和运作、恐怖活动的策划、恐怖武器和手段的获取等。因而防范恐怖主义在社会中获取能量、防范恐怖主义要素在社会上流动，是反恐怖斗争的一个重要策略，是否能够切断恐怖组织的能量线路，成为衡量反恐怖斗争方式、举措、理念与体系的成效标准。

[①] Ulrich Beck, "The Terrorist Threat: World Risk Society Revisited", *Theory Culture Society* 2002, 19; 39, p.46.

一、防范工作的重点及其思路

防范工作的重点，一是防范恐怖势力聚合能量；二是防范恐怖分子的暴力袭击得逞；三是通过遏制恐怖分子的活动、流动来销蚀恐怖势力的能力，遏制恐怖氛围的扩散。防范的基本思路是遏制恐怖活动要素的流动。

（一）恐怖活动的要素

恐怖活动的要素是流动的，因而能够在社会中聚合资源，扩散影响，实施暴恐袭击等等。恐怖活动的要素，主要包括：

人员。恐怖分子的各方面活动都需要其成员在社会中进行流动，如招募、策划与实施暴恐袭击等，都需要恐怖分子的跨区域、跨国的流动。

物资。爆炸物品、极端主义的宣传物品、恐怖活动工具，以及其他恐怖活动中的必须物品，都会在社会中获取、流动。

极端主义传播与恐怖活动的联系等信息。恐怖势力的极端主义传播通过各种渠道实现，有公共传播渠道、有其组织秘密渠道，有传统媒体渠道、更有现代社会信息渠道如网络空间。恐怖分子、恐怖组织相互之间的交叉联系是多方面的、巨大的，必然要借助社会活动的渠道。

资金。恐怖组织的运行，恐怖势力的长期存在，需要巨大的资金。仅仅从单次恐怖袭击所需要的资金来推算恐怖势力及其组织所需要的资金是不适当的，恐怖势力及其组织的存在是长期的，其扩张活动是无限膨胀的，因而对资金的需求也是无限膨胀的。恐怖势力及其组织需要通过各种社会渠道、秘密渠道获取资金。

重要场所。恐怖分子袭击且能够制造重大伤亡的场所或者目标，恐怖分子聚合、活动的重要区域，恐怖分子聚合资源、实现各项要素流动的重要环节、地域、场所，这些都是恐怖活动的主要场所。

（二）反恐怖防范工作的基本思路

防范的核心就是遏制恐怖活动要素的流动。恐怖势力及其活动的诸要素的流动被有效遏制、限制后，恐怖活动就基本被控制，这是反恐怖防范工作的基本思路。

防范工作能够在两个方面遏制、打击恐怖势力的活动：一方面，能够防范包括袭击的发生，没有活动要素的流动就会大大遏制恐怖势力实施恐怖袭击的能力；另一方面，能够有效地遏制恐怖势力的发展，没有流动性，恐怖势力就不能聚合能量。

防范，是反恐怖工作中的基本项常态化工作，是遏制恐怖势力嚣张气焰的基本保障；不是主动出击，是处于打击与治理之间的环节。防范能力成为反恐怖的一个标示性工作，防范工作强则反恐怖能力强。

二、防范工作的难点及其挑战

防范工作，涉及面宽、领域多，需要与很多工作相互联系配合，如美国国土安全部门涉及的领域非常多；需要持续努力、久久为公，如俄罗斯的恐怖势力在 1995 年布琼诺夫斯克事件后长期活跃，直到当前，车臣恐怖势力还对俄罗斯构成严峻威胁；需要时时、处处保持认真细致的防范，如 2015 年 11 月在巴黎发生的连环恐怖袭击在多个场所发生；此外也需要投入很大的资源量，人力、物力、技术更新等都是必须的投入。

（一）反恐怖能力的挑战

防范，是对反恐怖工作能力的重大挑战。防范的领域很多，在人流、物流、资金流、信息流、主要场所等方面都需要防范，恐怖活动渗透在社会的各个领域与空间。恐怖分子很善于借助现代技术进步新成果进行恐怖活动，如恐怖分子对网络的利用；恐怖分子还利用传统的暴力工具、传统的资金流动渠道等实施恐怖活动，如当代恐怖分子也利用投毒、砍杀等手段。明确恐怖分子的这一系列活动，需要有相应的反恐怖能力建设，显然，能力建设任务是非常艰巨的。

如金融领域，恐怖暴力活动中的资金、武器、人员等几个关键环节中，都与金融有关。在全球化环境下，恐怖组织能够利用公益机构和公共机构、公司等组织，以及地下经济等犯罪活动筹措资金，还可以利用银行、地下金融组织和非正式汇款网络、电汇、货币兑换和人员携带等形式在全球运转恐怖资金。"找到并切断恐怖组织的资金来源，不仅可以使恐怖分子无力发动袭击，而且可以使他们不能继续维持全球联络，不能在世界各地建立招募与培训新成员的基础设施，更不能购买或发展致命武器。"[1] 金融反恐怖涉及情报部门、安全部门（国土安全部、国家安全事务委员会）、司法部门、外交部门和财政部门。

网络领域的防范，对反恐怖能力要求也很高。恐怖组织和恐怖分子利用互联网进行活动，将网络开辟为"第二战场"。一方面将网络作为通道，利用网络策划恐怖活动、保持恐怖联络、进行恐怖蛊惑、招募人员、筹措资金等；另一方面又将网络作为战场，攻击网络目标，如"伊拉克人质遭斩首的事件反复在网上出现，就是恐怖分子发动心理战的实例"，[2] 恐怖分子通过网络相互学习实施暴力的技术。

（二）民众承受能力的挑战

防范恐怖活动要素的流动，是在社会活动空间中进行的，因为恐怖势力的活动就在社会空间，各要素的流动也是在社会空间。防范、遏制恐怖活动要素的流动，会对普通民众的社交形成某种程度的限制、不便。在防范恐怖分子流动的检查中，自然需要增加对所有民众的出行检查，在防范、遏制恐怖分子资金流动中也需要对社会资金流动的审查。而对恐怖分子活动信息的防范、遏制、情报收集等反恐怖工作，也需要对社会信息的监控。因此，反恐怖防范工作与普通民众的日常社会息息相关，会对普通民众社会产生一系列的限制。民众对此会有很直观的感受。如果民众对反恐怖工作理解不足、对恐怖主义本质认识不足、对民众参与反恐怖工作义务的觉悟不足，就会导致民众对反恐怖防范工作的不满，不但难以积极参与反恐怖工作形成反恐怖专业力量与社会力量的"合力"，反而会增加反恐怖防范工作的难度。

---

[1] 《金融反恐怖：揭秘恐怖组织资金运作链》，《21世纪经济报道》，2010年4月2日。
[2] 《网络恐怖挑战国家安全 美中央情报局演习网络反恐怖》，《东方早报》，2005年5月30日。

恐怖分子隐蔽能力很强，但他们必须在这个社会中生存。当民众普遍自觉地进行反恐怖斗争，在生活和工作的各个环节都有强烈的反恐怖意识时，恐怖分子将无处可藏，更无法获得行为能量。"9·11"事件后的美国民众、巴厘岛爆炸后的印尼民众与澳大利亚民众、2005年10月约旦首都安曼发生恐怖爆炸后的约旦民众都表现出强烈的反恐怖情绪。但要培养民众持久的反恐怖意识和日常的自觉反恐怖意识，是一项持续的工程。反恐怖行为的不慎可能会挫伤民众的反恐怖情绪。比如，由于美国不当地发动伊拉克战争引发恐怖主义的全球新浪潮，西班牙、菲律宾、美国、英国等国家的民众对国际反恐怖斗争产生不满情绪。2008年1月，日本民众也因不满新反恐怖法而游行示威。

各种反恐怖措施都有一定的局限性，尽管为反恐怖专业部门提供了各种便利，但他们依然难以渗透到社会的每一个角落。而恐怖组织的活动可能利用各种机会向社会渗透。要解决这个局限性，就要提高民众的反恐怖意识。民众提高了安全意识，会对身边的异常状况非常敏感，当有异常情况发生时，民众就有可能会自觉地向有关部门反映情况。而不满社会和敌视社会的民众心理更是反恐怖斗争的重大障碍。民众好比是专业部门的"耳目"，比如中东部分地区、巴基斯坦部落地区和非洲的一些国家和地区，民众有同情恐怖分子的情绪，这些地区也成为恐怖主义活动的频繁地带。

（三）资源投入的挑战

防范工作所必须的建设投入、人力资源投入，是非常大的。不仅涉及多方面多领域的投入，还需要持续的投入。反恐怖防范投入，还是双重的，除了直接投入外，还要考虑防范工作对社会经济等发展的影响。埃及等国家长期的反恐怖投入导致其社会、经济发展领域的投入薄弱，造成严重的民生问题，成为埃及"阿拉伯之春"的重要诱因。而拖垮国家与政府，也是恐怖势力的重要图谋。

第二节 反恐怖社会治理工作

社会治理的反恐怖工作逻辑,是通过解决社会发展、政治建设中的重大问题,消除恐怖主义滋生、活动的社会空间,以防恐怖势力乘乱而起。

一、社会动荡的治理

从当代恐怖主义活动三个阶段的活动潮来看,正是重大的国内、国际动荡给恐怖势力提供了聚合、膨胀实力的机会。反恐怖主义工作必须重视治理工作,即使这一工作非常艰巨,但也是从根本上遏制恐怖主义的必由之路。

(一)国内动荡的治理

国际社会普遍认为,反恐怖斗争的最核心部分应当是通过反恐怖斗争的经济、社会综合治理,消除恐怖主义的滋生根源。[①] 经济落后的弱势群体面临被边缘化的危险,为恐怖主义泛滥提供了某种社会基础;消除贫困和贫富差距,是反恐怖斗争的重要战略。根源于贫困而走上自杀式袭击之路的事例,在车臣、阿富汗、斯里兰卡、巴勒斯坦都不罕见。发展经济以促进反恐怖的任务是非常迫切的。

社会治理工作能够切断恐怖组织的能量线路。恐怖主义拥有如此强大的组织暴力能量,是因为能够通过社会的诸多渠道获取种种资源。失序的无政府状态必然产生混乱和暴力。[②] 20 世纪 60 年代西欧和拉美的

[①] The Report of the High-level Panel on Threats, Challenges and Change, *A More Secure World: Our Shared Responsibility*, New York: United Nations, 2004, pp. 48 – 49; Jennifer L. Windsor, *Promoting Democratization Can Combat Terrorism*, The Washington Quarterly, vol. 26, no. 3, Summer 2003, pp. 43 – 58.

[②] 秦亚青:《权力·制度·文化》,北京大学出版社 2005 年版,第 192 页。

恐怖泛滥与当时的秩序动荡有关,如法国的 1968 年震荡①和拉美的恐怖时代。当代国际恐怖主义的泛滥原因,是冷战结束后国际社会全球化中的失序。② 消除恐怖活动是一项复杂艰巨的社会工程,除情报、金融方面的反恐怖工作外,还须进行许多相关的社会反恐怖工作,如建立技术进步的社会运用制度与规范、提供更广阔的个人发展空间而又不致失序,消除产生剧烈冲突和仇恨的社会政治经济根源,在社会发展的各个领域中消除恐怖主义的活动空间。

由于社会发展本身的复杂程度和深入细致程度,决定了这是最具有挑战性的反恐怖斗争。自杀式恐怖袭击成为当前国际恐怖主义的一个重要手段。以杀伤他人为目的的自杀,是更严重的社会现象,有着深刻的社会根源。③ 反恐怖斗争不仅要阻止自杀式恐怖袭击的发生,还要消除自杀式恐怖袭击的滋生。社会滋生的内心恐惧、对安全的自主追求、恐怖的泛滥相互影响,④ 需要综合的社会治理。

(二) 国际热点动荡地区的治理

国际社会对反恐怖治理的理念、路径的认识达成了一致。2006 年 5 月通过的《联合国全球反恐怖战略》所列举的"消除有利于恐怖主义蔓延的条件的措施"中明确提出,以政治方式(预防冲突、谈判、调停、调解、司法解决问题、法治、维持和平和建设和平)解决国际冲突特别是持久未决的冲突,将有助于加强全球反恐怖斗争。这一认识成为国际社会的普遍认识。

但落实这一认识是艰难的,其原因是国际政治的斗争、博弈。与当代恐怖主义活动关联密切的一些重大国际热点,有的得到了解决并推动了恐怖主义的解决,如斯里兰卡积极推动政治和解,"猛虎组织"的恐怖活动平息;巴以和平进程有所进展,巴勒斯坦地区的恐怖活动在 21

---

① 安琪楼·夸特罗其、汤姆·奈仁著,赵刚译:《法国 1968:终结的开始》,三联书店 2001 年版;【美】谢里尔·E. 马丁,马可·瓦塞尔曼著,黄磷译:《拉丁美洲史》,海南出版社 2007 年版,第 411—413 页。

② 王逸舟主编:《全球化时代的国际安全》,上海人民出版社 1999 年版,第 252 页。

③ 赵春丽、李捷:《自杀式恐怖袭击透视》,载《国际资料信息》2006 年第 11 期,第 29 页。

④ 【印度】克里希那穆提著,凯锋译:《恐惧的由来》,学林出版社 2007 年版,第 3 页。

世纪呈现明显的衰落。

但绝大多数与当代恐怖活动密切关联的国际热点问题远没有得到解决。巴以和平进程被打断、巴勒斯坦地区依然面临恐怖主义威胁；阿富汗和平进程在2016年被打断后也没有启动，阿富汗成为国际恐怖分子回流、转移、聚合的突出中心；索马里、马里、尼日利亚的动荡依旧，当地的恐怖活动在持续；而与第三个阶段恐怖活动潮直接关联的叙利亚、也门等地的社会剧烈震荡还没有结束，国际恐怖势力依然在依托这些国家的动荡而具有巨大的活动空间。以暴制暴的恶性循环，是恐怖主义长期滋生、蔓延的一种现象。不能打破这种暴力循环，就无法有效遏制恐怖主义。不满社会和敌视社会的民众心理更是反恐怖斗争的重大障碍。

相关国际热点问题难以得到有效解决而能够继续为恐怖势力所利用的原因主要有三个方面：一是，相关热点问题本身十分复杂，国内各利益方斗争激烈，解决起来相当困难，难以一蹴而就，既需要大力推进，又需要平稳过渡。二是，国际社会的干预增加了问题解决的复杂性，西方大国顽固地以霸权主义作为干预的基本指导，将其国家私利置于问题解决之上，达不到其霸权主义私利就宁肯拖延、恶化相关问题与动荡；放任恐怖势力活动以谋取霸权利益。三是，极端势力、恐怖势力干扰相关问题的解决，其往往以暴恐袭击、政治蛊惑为手段。

但政治解决相关国际热点问题，是当代世界反恐怖主义的必由之路。动荡及其动荡的持续，恐怖活动及其与动荡的密切关联，凸显了反恐怖政治策略的重要性、必要性、紧迫性。国际社会必须要坚定这一理念，坚持这一路径。

二、社会发展治理

社会发展的迟滞、薄弱环节，不是恐怖主义的根源，但为恐怖势力聚合能量提供机会。促进社会发展治理，就是遏制恐怖势力的活动空间。

(一) 促进经济发展

经济发展落后、社会贫困,决不会直接产生恐怖主义;但长期持续且发展希望渺茫的贫困和落后自然会产生诸多问题、矛盾,特别是冲突和动荡(往往伴随战乱),其中就必然包括恐怖主义泛滥的诱因。如果说反恐怖前期可以着重于直接打击恐怖组织的活动能量,那么当反恐怖斗争深入到根除当代恐怖主义根源之时,必须考虑经济发展的要素。

当代国际社会的贫困现象,依然可以划分为绝对贫困和相对贫困。当贫困与落后成为长期的现象、当长期的贫困与落后产生出绝望情绪,极端思想就较为容易地进行扩张。轻视当代国际恐怖主义泛滥的经济根源,有碍于反恐怖斗争的深入,特别是经济全球化的发展进一步拉大了国际社会的相对贫困程度,许多地区绝对贫困现象突出,给恐怖分子进行恐怖活动提供了更多的可能。当国际社会的主导力量无暇顾及或有意忽略国际社会的贫困地区时,恐怖组织就能够在那些全球化的边缘地区(包括发达国家内部的边缘地区和边缘人群)大肆活动。

各国政要和国际知名人士认识到恐怖主义与贫困的联系,并呼吁国际社会致力于发展社会经济以消除恐怖主义。中国领导人强调"彻底铲除恐怖主义,应在缓和地区及国际紧张局势、消除贫困和加强反恐怖合作三方面同时开展工作。"[①] 英国前首相布莱尔在 2002 年 2 月访问非洲前表示:"西方国家必须帮助非洲解决贫困问题,防止非洲成为新的恐怖主义的孳生地";美国前总统布什在联合国发展筹资会议上发言时也认为,贫困会助长恐怖主义。原世界银行行长沃尔芬森更是深切表示,要消除恐怖主义"必须是消除贫困,促进包容和社会公正,使边缘人群进入全球经济和社会的主流"。[②]《联合国全球反恐怖战略》中强调,"推行和加强发展和社会包容议程,能够减少边际化和由此产生的受害意识,这种意识会激发极端主义,助长恐怖分子的招募"。

恐怖活动猖獗的一些国家、地区为此做了一系列的努力,如菲律宾

[①]《胡锦涛主席倡议:"标本兼治"以彻底铲除恐怖主义》,中国新闻网,2003 年 10 月 21 日, http://www.chinanews.com.cn/n/2003-10-21/26/359607.html。

[②] 沃尔芬森:《恐怖主义,贫困与国际社会的责任》,《中国经济时报》,2001 年 10 月 12 日。

为消除南部恐怖主义威胁,强化在南部的经济建设。但经济与社会治理的反恐怖策略,往往与社会、经济发展的其他举措相交织,且没有武力反恐怖那样的紧迫性。因此这一方面的反恐怖策略需要细致深入的持久工作。

恐怖活动相关热点地区的经济发展在全球化中面临挑战。国际货币基金组织、世界银行和世界贸易组织等公共机构所制定的原则、规范、规则以及决策程序往往有不公正、不合理的方面。富裕的国家也会拒绝提供国际社会协议规定的发展援助。全球化过程与资本主义的全球扩张成为一个同一和同质的过程,正是资本在不同文化背景区域的渗透、扩张,构成了全球化的进程。[①] 资本的全球扩张改变的不是资本获取剩余价值的本性,而是将这一本性在全球范围内合法化,国际经济体系和机制对发展中国家普遍不利也就是自然的了。全球化带来了南北差距的扩大,20 世纪 90 年代世界贫困线以下的人口增加了近 4 亿。[②] 全球化时代新两极的对抗核心正是资本主义逻辑与反资本主义逻辑的对立。[③] 全球化成为国际社会的主导潮流,并且改变着国际社会体系结构,[④] 形式多样的反全球化运动是全球化矛盾和冲突的重要表现。[⑤] 海湾战争后,本·拉登之流开始了反美"圣战",成为恐怖主义政治中心旗帜之一。[⑥]

(二) 促进社会进步

国际社会的一些力量和声音,强调以社会发展、社会进步促进反恐怖工作,如倡导宗教宽容和文化交往、消除陈规陋习等。沙特就积极倡

[①] 巨永明:《资本全球化与中东恐怖主义》,载《西亚非洲》2003 年第 5 期,第 59 页。

[②] 樊莹:《经济全球化与国家经济安全》,载《世界经济与政治》1998 年第 5 期,第 15 页。

[③] Michael Hardt and Antonio Negri, Empire, Cambridge, MA.: Harvard University Press, 2000. 转引自秦亚青主编:《理性与国际合作:自由主义国际关系理论研究》,世界知识出版社 2008 年版,第 26 页。

[④] Thomas Friedman, "Dueling Globalization – A Debate between Thomas Friedman and Ignacio Romonet", Foreign Policy, fall 1999, p. 56.

[⑤] Thomas D. Lairson, David Skidmore, International Political Economic: The Struggle for Power and Wealth, Peking: Peking University Press, 2004. pp. 458 – 459.

[⑥] See, Frank G. Shanty; Raymond Picquet; John Lalla, Encyclopedia of World Terrorism: 1996 – 2002, M. E. Sharpe Refrence, 2003, p. 531.

导文明对话和宗教宽容，寻求不同宗教间的对话交流；同时号召宗教界人士积极参与反恐怖斗争，反对极端主义。① 也门、巴基斯坦和阿富汗等国家，注重消除部族陋习以打击恐怖主义的活动。《联合国全球反恐怖战略》明确提出促进社会发展是国际反恐怖的重要策略，② 在消除恐怖主义蔓延，防范和打击恐怖主义的举措，加强反恐怖国际合作，将确保尊重所有人的人权、法治作为国际反恐怖斗争的根基等方面达成共识。

事实上，恐怖主义政治"主义""论据的自相矛盾，真是再明显不过了！"③ 冷战后，以民族和宗教为幌子引发的恐怖主义在全球泛滥猖獗，然而，一些民众受恐怖主义蛊惑宣传对恐怖主义活动存在错误认识和幻想。因此，反恐怖政治斗争还必须以血的事实教育引导民众，使其对恐怖主义的本质和危害有清醒的认识，从而在个人安全和利益、民族国家现代化发展、个人宗教自由等政治认同的基础上形成国家全民反恐怖的政治认同。

将宗教信仰自由作为一项重要人权予以保护，是人类的制度进步，使得宗教信仰朝向心灵自由迈进一大步；宗教信仰自由作为个人人权而实行政教分离的理念、制度，纯净了宗教信仰及其活动。20 世纪 90 年代以来的"宗教"幌子下的恐怖主义是反宗教、反社会的，是历史的倒退。促进信仰（包括宗教信仰）的进步，是反恐怖斗争的必要，也将成为社会进步的动力。

极端主义绝非是为社会发展、社会进步进行探索，而是走向倒退、

---

① 中国现代国际关系研究院反恐怖研究中心：《国际恐怖主义与反恐怖斗争年鉴2008》，时事出版社 2009 年版，第 127 页。

② 在《联合国全球反恐怖战略》的第一部分"消除有利于恐怖主义蔓延的条件的措施"的第 2、第 3 条提出：继续在联合国主持下安排实施各种举措和方案，促进不同文明、文化、民族、宗教之间的对话、容忍和理解，促进各种宗教、宗教价值观念、信仰和文化相互尊重，防止诽谤行为。在这方面，我们欢迎秘书长发起的"不同文明联盟"倡议，我们也欢迎世界其他地区提出的类似倡议。通过在适当情况下开展和鼓励有社会所有阶层参与的教育和提高公众认识方案，促进追求和平、正义和人类发展的文化，促进族裔、民族和宗教容忍，促进对所有宗教、宗教价值观念、信仰或文化的尊重。在这方面，我们鼓励联合国教育、科学及文化组织发挥关键作用，包括推动不同宗教之间、宗教内部以及不同文明之间的对话。

③《列宁选集》第一卷，人民出版社 1972 年版，第 291 页。

反动和极端暴力。恐怖主义的政治"主义"的反动有两个核心，一是对其思想体系的反动，二是为其恐怖极端暴力做幌子。本·拉登之流盗用宗教名义指责美国的霸道行径是世界恐怖主义的根源，[①] 国际社会以公平正义和社会进步回应恐怖主义，是最有力的反恐怖斗争。

三、加强全球反恐怖政治认同的建设

政治反恐怖，其核心就是打掉恐怖主义的政治蛊惑，揭示恐怖主义的反动性；在政治上孤立恐怖主义、遏制恐怖主义的生存空间；动员全社会的反恐怖力量，形成一致的反恐怖政治方向。恐怖主义将每一位平民都作为恐怖暴力袭击的可能目标，是恐怖分子在最大限度地散布恐怖气氛制造恐怖政治效应。[②] 反恐怖政治斗争，一方面是打掉恐怖主义的蛊惑宣传，另一方面是形成反恐怖的政治氛围、统一反恐怖认识并凝聚反恐怖斗争的力量。恐怖主义的全球泛滥，也将推动人类对社会进步的思考与行动。

（一）强化反恐怖主义政治共识

在巨大的恐怖暴力袭击灾难面前，国际社会停止了对恐怖主义概念的众说纷纭的争议和清谈，[③] "9·11"事件后国际社会出现一个空前的反恐怖政治认同。对恐怖主义威胁的问题意识，决定着国家的反恐怖策略和国际社会的反恐怖合作。

美国在"9·11"事件发生前后对恐怖主义问题的评判是大为不同的，"9·11"事件后，美国意识到恐怖主义问题不仅是影响美国海外利益而且成为威胁本土安全的重大问题，其反恐怖策略也随着发生了重大变化。

---

① Frank G. Shanty; Raymond Picquet; John Lalla, *Encyclopedia of World Terrorism: documents*, M. E. Sharpe Refrence, 2003, p. 926.

② Laurence Miller, "The Terrorist Mind: A Psychological and Political Analysis", *International Journal of Offender Therapy and Comparative Criminology*, Volume 50 Number 2, April 2006, p. 123.

③ Ulrich Beck, "The Terrorist Threat: World Risk Society Revisited", *Theory Culture Society* 2002, 19; 39, p. 39.

在国内，由于恐怖分子的蛊惑宣传，社会中可能会产生一些对恐怖活动的误解，各国在政治打击恐怖主义方面，都注重揭露恐怖活动的极端暴力和政治反动性，促进形成一致的反恐怖政治氛围。美国在"9·11"事件后的反恐怖政治斗争赢得了国内民众和国际社会的支持。表达坚定的反恐怖决心和态度，也是反恐怖政治斗争的重要内容。

（二）以共同的坚定的政治认同打击恐怖主义

恐怖主义是认同冲突的一个表现。[①] 界定恐怖主义概念和界定恐怖分子及其组织，就是划分敌人。界定恐怖主义、恐怖分子及其组织，在反恐怖斗争上达成政治认同，是政治反恐怖策略的主要内容。

恐怖主义问题需要全球治理。[②] 国际组织和国际会议对恐怖主义的谴责，联合国和其他国际组织等层面的国际公约，都是反恐怖政治斗争的重要形式。当前，国际社会已经形成了反对、打击恐怖主义的政治氛围。

国际反恐怖斗争的政治认同加强，突出地表现在联合国相关文件的通过，特别是2006年通过的《联合国全球反恐怖战略》，明确、强烈地谴责一切形式和表现的恐怖主义，无论恐怖主义为何人所为、在何处发生、为何目的而为。国际社会认识到恐怖主义是国际和平与安全的最严重威胁之一；要求各国"不组织、煽动、便利、参与、资助、鼓励或容忍恐怖主义活动，并采取适当的实际措施，确保各自的领土不被用作恐怖主义设施或训练营地，或用于准备或组织意图对其他国家或其公民实施的恐怖主义行为"，"将助长恐怖主义蔓延的条件概念化并予以发展"。

（三）强化反恐怖舆论建设

社会舆论是影响反恐怖政治斗争的重要因素，恐怖分子也十分重视利用社会舆论扩大恐怖效应。媒体过分关注暴力，媒体报道恐怖事件的角度和重点选择不当，不当的社会舆论，特别是不负责任的媒体报道或

---

① 张家栋：《恐怖主义与认同冲突》，载何佩群、俞沂暄主编：《国际关系与认同政治》，时事出版社2006年版，第288页。

② 刘中民、左彩金、骆素青：《民族主义与当代国际政治》，世界知识出版社2006年版，第153页。

宣传，会削弱反恐怖斗争的努力，助长恐怖分子的嚣张气焰。[1]

在布琼诺夫斯克人质事件、莫斯科人质事件中，俄罗斯媒体的一些负面报道和随意行为，不仅帮助恐怖分子扩散了恐怖效应，还将一些军事机密泄露给恐怖分子，增加了解救人质行动中的伤亡人数。也有一些媒体为了个人或经济利益，为恐怖分子做说客。俄罗斯吸取沉痛的教训，在车臣反恐怖战争中，探索形成了一套全程舆论动员模式。[2] 其他国家也同样重视强化媒体、社会舆论的反恐怖功能，避免恐怖分子对社会舆论的利用。

媒体的社会舆论在反恐怖斗争中的功能。其一，战前——形成舆论合力，统一战斗意志。国家政府将舆论武器牢牢掌握在自己手中，通过颁布相关法律、法规来构建相应的基本原则和规范，这是进行有效舆论动员的基本保证。[3] 使其在战争中发挥最大效益，通过揭露匪徒罪行，激发军民进行反恐怖斗争的正义感，为军事行动创造了良好的舆论氛围。其二，战中——引导己方舆论，争取中立方支持，有效地进行舆论引导，化解和平息各种猜测和谣言。不断加强与国际社会的合作，形成有利的国际舆论环境和国际统一战线。其三，战后——鼓舞信心斗志，实施心理援助。一方面，大力宣传反恐怖战果，坚定人们彻底打击恐怖主义的信心和决心；另一方面，引导恢复健康心理，如通过对恐怖组织招募和培训恐怖分子等内幕的报道安抚人们受伤的心理。此外还包括推动反恐怖群众宣传、技术研发工作等，形成媒介装备设施优势，尤其是对电子传媒的建设。

四、司法在反恐怖综合治理工作中的功能

司法是社会—政治秩序的基本规范及其保障，在反恐怖与防范中具

---

[1] Gabe Mythen and Sandra Walklate, "Communicating the terrorist risk: Harnessing a culture of fear"? *Crime Media Culture* 2006, No. 2, pp. 130 – 131.
[2] 濮端华：《俄罗斯在反恐怖战争中的舆论动员实践及启示》，《中国国防报》，2007年12月17日。
[3] 濮端华：《俄罗斯在反恐怖战争中的舆论动员实践及启示》，《中国国防报》，2007年12月17日。

有重要而独特的地位。

(一) 强化反恐怖法律建设

任何恐怖暴力行为都是一种犯罪。[①] 反恐怖立法反映恐怖主义威胁的现实。面对1968年以来的世界恐怖主义浪潮，受恐怖主义威胁严重的欧洲国家纷纷出台反恐怖相关法律。[②] "9·11"事件后各国纷纷加强反恐怖法律建设，英国、俄罗斯、美国、澳大利亚等国还多次修订反恐怖相关法律。[③] 2006年2月，俄罗斯新反恐怖法颁布，明确了恐怖主义和反恐怖行动的定义，规定了反恐怖行动的基本原则，赋予俄罗斯总统在反恐怖行动中更大的权力，协调国家反恐怖力量形成统一的反恐怖体系。2018年1月，俄罗斯针对"电话恐怖主义"活动指定了四个层次的严厉的司法打击举措。

各国司法反恐怖行动主要包括：首先，各国与国际社会面对越来越严峻的恐怖主义威胁，加大了司法打击恐怖主义的力度，纷纷出台反恐怖法，以更有效有力地打击恐怖主义活动。其次，加强与恐怖主义活动相关联的金融、地下犯罪和毒品问题等领域的反恐怖举措和立法。再次，经过反恐怖实践检验，各国反恐怖法和国际反恐怖司法法律合作中，重视打击恐怖主义活动与维护公民合法权力的平衡，避免反恐怖斗争中权力的滥用。

各国在恐怖活动组织犯罪立法形式上，一是颁布特别刑事法规，[④]

[①] David J. Whittaker (edit), *The Terrorism Reader* (sencond Edition), London and New York: Routledge, 2003, p. 260.

[②] 英国在1974年制定了《防止恐怖主义活动条例》，1984年又重新修改了该条例，明确规定了警察对恐怖分子侦查的权限。法国在1986年颁布涉及反恐怖斗争的法律，1994年、1996年多次增补，规定恐怖主义行为、生态恐怖主义、恐怖主义组织等判刑处罚。德国于1986年颁布了《恐怖对策法》。西班牙1984年施行了《反对武装团伙和恐怖主义组织法》。意大利制定了1982年2月6日的第15号法令，1982年5月29日的第304号法令。美国也于1984年通过了《综合犯罪防止法》。参考中国现代国际关系研究所反恐怖研究中心编译：《各国及联合国反恐怖主义法规选编》，时事出版社2002年版。

[③] 赵秉志等编译：《外国最新反恐怖法选编》，中国法制出版社2008年版。

[④] 如意大利1993年4月23日颁布了《反纳粹法令》，美国于1996年4月由总统签署了《反恐怖主义法》，英国和爱尔兰于1998年9月3日颁布了《反恐怖法案》。

二是在刑法典中设置专条。① 在犯罪构成方面，多数国家规定为行为犯，即只要实施组织、加入、发起、创立恐怖活动组织即构成犯罪。在刑罚方面注重打击和预防的统一，各国采取的刑罚趋重，长期自由刑、死刑都适用。有的国家还将其作为特殊加重刑事责任事由。

为了达到分化、瓦解恐怖犯罪组织和鼓励恐怖分子悔过自新的目的，许多国家在严惩恐怖组织犯罪的同时，还注重刑事政策的运用，规定了特殊减轻或免刑事由。如俄罗斯刑法规定，参与准备实施恐怖行为的人员，如果及时提前报告权力机关或采取其他措施预防恐怖行为的发生，如果其行为没有别的犯罪构成，则免除刑事责任。意大利刑法则引入了一种新的与有组织犯罪做斗争的手段，即悔过者的奖赏制度，对恐怖活动犯罪规定了"悔过"情节。

（二）加强反恐怖立法的适应性

各国反恐怖立法中也反映了打击新型恐怖主义的态势。② 国际恐怖主义犯罪的手法方式、策划乃至活动地域都大大超越了传统意义上的恐怖活动模式，随着科学技术的突飞猛进，恐怖活动的方式也日益翻新。新型恐怖主义犯罪，如网络恐怖、金融恐怖、生化恐怖等的威胁日益迫近、增加。美国于 2002 年颁布《公众健康安全与生物恐怖主义预防应对法》（简称《生物反恐怖法》），为食品和生物反恐怖问题制定了严格的指导原则。

在打击恐怖犯罪的具体司法行为中或反恐怖法律中突出去政治化，是司法反恐怖斗争的一个明显趋势。③ 1985 年联合国大会一致通过了《关于防止国际恐怖主义的措施》的决议，规定任何人在任何地方实施

---

① 如德国的相关法律规定了组织恐怖集团罪；法国和俄罗斯的相关法律在刑法典中单独规定了恐怖活动罪，将组织恐怖活动作为加重情节。

② 如美国 2001 年 10 月颁布的《防止恐怖主义利用生物武器法》，澳大利亚 2004 年 6 月颁布的《第 3 号反恐怖主义法》等。

③ 参考中国现代国际关系研究所反恐怖研究中心编译：《各国及联合国反恐怖主义犯规选编》，时事出版社 2002 年版，第 12 页；刘华、肖中华：《当代恐怖主义犯罪研究》，载赵秉志、陈弘毅主编：《国际刑法与国际犯罪专题探索》，中国人民公安大学出版社，2003 年版，第 191 页；赵秉志、王秀梅：《恐怖主义犯罪及其惩治理念》，载赵秉志、陈弘毅主编：《国际刑法与国际犯罪专题探索》，中国人民公安大学出版社 2003 年版，第 144 页。

的一切恐怖行为、方法和做法，均为犯罪行为。国际社会将任何形式的恐怖活动都认定为刑事犯罪，着重从对无辜者施加暴力这一犯罪手段而非其政治目的来认定恐怖主义犯罪。

2006年3月，埃及着手制定反恐怖法以取代实行多年的紧急状态法，新的法律将着重体现国民的权利、自由和国家的安全、稳定之间的平衡。埃及自1981年开始执行并延续至今的紧急状态法规定，执法当局无须司法指控便可以对需要逮捕的人进行拘押，并可以将民事罪犯嫌疑人带到军事法庭审判。俄罗斯、美国、英国等国家的反恐怖法也在反恐怖实践中逐渐注意到反恐怖斗争的需要与公民权利、社会生活正常秩序需要的平衡。

（三）审判恐怖分子

对恐怖分子的审判，是以法律反恐怖、维护国家秩序的主要标志。印尼先后抓捕审判了一些重要的恐怖分子。印尼对恐怖分子的审判是法律反恐怖的一个典型。为加强反恐怖力度，印尼颁布的反恐怖条例规定，制造恐怖活动的主犯将被判处死刑。印尼对"伊斯兰祈祷团"相关恐怖分子的审判，具有典型意义。

2003年5月12日，印尼巴厘岛地方法院开始审理第一个被警方逮捕的巴厘岛恐怖爆炸事件嫌疑犯阿姆罗兹，从此拉开了审理该案件的序幕。阿姆罗兹涉嫌参与策划巴厘岛爆炸案，并在爆炸案中负责购买制作炸弹等化学物品以及提供安放炸弹的货车，印尼检察机关要求法院判其死刑。在阿姆罗兹之后，印尼法院又相继开庭审理了萨穆德拉、穆赫拉斯、阿里·伊姆龙等巴厘岛爆炸案主要嫌疑犯。

就在阿姆罗兹审判日的前两天，印尼首都雅加达的万豪酒店遭受汽车炸弹袭击。印尼认为是"伊斯兰祈祷团"恐吓印尼当局不要对阿姆罗兹等人判处死刑，随后逮捕了10多名涉万豪酒店爆炸案的嫌疑犯，同时加强了司法审判力度。2004年10月，印尼起诉"伊斯兰祈祷团"精神领袖阿布·巴卡尔·巴希尔，指控他涉嫌煽动、指使他人参与恐怖袭击；2005年3月，以"合谋2002年印尼巴厘岛爆炸案"的罪名，判处巴希尔30个月监禁；2005年8月，因印尼独立日大赦，巴希尔获得

4个半月的减刑。2008年4月21日,印尼把"伊斯兰祈祷团"列为恐怖组织,并以恐怖罪名判处该组织头目阿布杜加纳、扎尔卡西各15年监禁,并罚款1000万印尼盾。

抓捕恐怖主义并进行公开审判的打击恐怖主义司法行为,可以起到三方面的重要作用:一是揭露恐怖主义罪行,二是及时阻止恐怖袭击预谋的得逞,三是加强国际合作。这些,从总体上可以壮大国际反恐怖声势,震慑恐怖分子。"伊斯兰祈祷团"成员的相继被捕及巴厘岛爆炸案审理工作的顺利进行,有力地打击了恐怖组织,也体现了印尼政府打击恐怖主义的决心。

司法打击恐怖分子要注意一些负面影响。特别是要防止极端分子借机生事扩散恐怖影响,防止司法反恐怖中的各种干扰,同时不能过高估计司法打击恐怖主义的功能。

涉嫌策划实施巴厘岛爆炸案的主要恐怖分子都承认参与恐怖袭击活动,但公开认罪的极少。有的恐怖分子甚至在法庭上为恐怖行为辩护,蛊惑民众。极端组织和极端分子会利用法庭内外的机会扩散恐怖势力的声势。

司法打击恐怖分子,可能受到各方面的干扰,最后使得反恐怖努力和成果大打折扣。司法打击恐怖分子是反恐怖斗争的一个重要部分,司法打击恐怖主义可以以法律的名义伸张正义。但仅仅依靠司法打击恐怖主义,是不能消除恐怖主义威胁的。遭到沉重打击的"伊斯兰祈祷团"并没有停止活动,而是采取网络化模式化整为零,分成小组和个人独立活动,流动性更强。

第三节 反恐怖工作体系与反恐怖战略

为适应反恐怖斗争需要,各国纷纷建立全方位的反恐怖工作体系,以系统、协调的工作机制和反恐怖理念来整体发挥反恐怖作用。体系是一组单位组成的整体功能性组织,系统运作即内部单位的关系和系统与环境的关系是应该考虑的重点。① 作为安全问题的反恐怖斗争需要整体行动，② 国际社会长期恐怖与反恐怖的恶性循环、越反越恐局面，都与反恐怖体系内部因素之间失调有关。

反恐怖体系包括这一系统工程相关方面的诸多层面。国家反恐怖系统的层次主要有：武力反恐怖、强化反恐怖的情报和技术工作、法律正义和社会反恐怖（公平正义发展、汇合民众力量）、国际合作反恐怖、反恐怖斗争的理念。而这些层面都由国家最高反恐怖枢纽统一协调而形成一个整体。

一、反恐怖专业力量及其工作体系

专业力量及其建设是反恐怖工作的重要内容，专业力量的水准在很大程度上反映着国家反恐怖能力的水准。

（一）反恐怖工作的专业力量构成

专业力量是反恐怖工作的核心力量，体现着反恐怖工作的水准。专业力量包括：

其一，国家军事力量是武力反恐怖工作的基本保障。世界很多国家都动用了国家军事力量参与反恐怖行动，甚至长期参与。俄罗斯、土耳其、尼日利亚、索马里等国家，既在国外也在国内以军事力量打击恐怖势力；美国、肯尼亚，以及欧洲等国家长期在境外实施武力反恐怖行动；巴基斯坦、阿富汗、印尼、菲律宾等国家长期在境内实施武力反恐怖军事行动。境外打击成为各国反恐怖的重要考虑因素，其核心力量也是国家军事力量。当恐怖活动猖獗、泛滥之时，直接的军事武力打击以遏制恐怖主义的气焰，是打击恐怖主义的最基本的要求和步骤。

其二，处置、防范、情报信息收集等方面的专业是反恐怖工作中的常态力量，承担日常的反恐怖防范、处置、调查等工作。特别行动力量

---

① 【美】罗伯特·杰维斯著，李少军、杨少华、官志兄译：《系统效应：政治与社会生活中的复杂性》，上海世纪出版集团2008年版，第39页。
② David J. Whittaker (edit), *The Terrorism Reader* (sencond Edition), London and New York: Routledge, 2003, p. 272.

如各国的反恐怖特种部队，往往也是属于常态化的力量。

在常态反恐怖力量中，情报部门、技术部门的力量非常突出，"情报在反恐怖中不但是预警的工具，而且是应对的必需助手"，[①] 是反恐怖斗争中不可或缺的重要一环，准确、及时、有效的情报可以做到防患于未然，对防范恐怖事件发生、打击恐怖主义起到非常重要的作用。1985—1987 年，美国中央情报局提前制止了 200 多起恐怖活动。[②] 2006 年 10 月，由于事先掌握情报，英国提前挫败了规模堪比"9·11"事件的炸机企图。2004 年 12 月，布什总统签署《反恐怖与情报机构改革法案》，进行了有史以来规模最大的一次情报系统改革，在加大了对人力情报工作投入的同时，还在境内外强化了电子大数据信息情报的收集、电子监视与监听等工作。由于恐怖活动的跨国性，在加强本国情报部门和情报工作的同时，各国间的情报合作和交流也在加强。如，正是依靠美国中央情报局提供的线索，英国才得以抓获著名的网络恐怖分子；2003 年，依靠美国的情报，泰国抓获了"伊斯兰祈祷团"的首领汗巴里。

由于恐怖组织的隐蔽性和恐怖活动手段的多样化，技术含量增加，常规的反恐怖技术和装备已不能适应反恐怖斗争的需要，各国都重视反恐怖技术含量。2005 年，印度研制出了世界上首套能够有效预防恐怖分子渗入重要目标区的新型安全识别系统；2008 年 4 月有报道称，印度装备反恐怖"咖喱"炸弹，这种炸弹装有红辣椒粉，可以将恐怖分子从其掩身处驱赶出来。

当前，反恐怖技术的主要要求表现在：一是爆炸物探测技术。在更远和更大的范围探测出爆炸物的存在，是反恐怖战争中急需攻克的最为重要的科技难题。二是图像监视系统技术。三是生物反恐怖技术。如何利用生物技术反恐怖以及防范生化武器的恐怖袭击，是十分重要的科研领域。四是数据处理技术。先进的信息处理技术已经成为许多反恐怖技

[①] Marc A. Celmer, *terrorism*, *U. S. Strategy*, *and Regan Policies*, New York: Greenwood Pr., 1987, p. 85, 转引自胡联合：《第三只眼看恐怖主义》，世界知识出版社 2002 年版，第 297 页。

[②] 朱素梅：《恐怖主义：历史与现实》，世界知识出版社 2006 年版，177 页。

术发展的基础。例如，根据身份鉴定技术获取的各种数据等，已经运用在出入境口岸管理、常驻人口登记和检查等方面。

其三，司法力量。反恐怖工作中司法部门也是专业力量，经常性地参与反恐怖行动。各国面对恐怖主义威胁纷纷出台反恐怖法，以法律体系来保障、规范反恐怖各方面的行为。对恐怖分子的审判活动，也是司法反恐怖的重要工作。通过法律工作的方方面面，能够发挥警示恐怖分子、引导社会规范、强化反恐怖打击的法律地位。

其四，政府其他部门。国家政府的很多部门，如教育、民族宗教、社会保障等等，都需要参与到反恐怖工作中。特别是防范恐怖活动、遏制极端主义等方面，需要政府各个部门的参与。

（二）反恐怖专业力量体系

反恐怖体系在系统的整体功能下可积极地发挥作用，这要求反恐怖体系的各个层次相互协调而形成系统性。反恐怖体系的系统性可以从四个方面理解：反恐怖机制的统一协调；反恐怖举措的系统统一；反恐怖战略的正确和协调；国内反恐怖与国际反恐怖的统一。

各国都采取措施加强反恐怖斗争的统一领导和协调。1996年6月，菲律宾政府成立特别行动指挥部，统一指挥特别部队，执行反恐怖等紧急任务。

别斯兰人质事件后，普京总统整顿安全机构，强化反恐怖斗争中的统一协调能力。2006年2月，俄罗斯成立统一的国家反恐怖委员会及其下属的指挥部，以协调全国、各级权力机关的反恐怖活动，并在俄罗斯全境建立有效的预防、制止与打击恐怖活动的三级公共预警机制。

2007年10月，英国对反恐怖安全体系进行重大改革，成立协调反恐怖斗争的"国家安全委员会"，成员由内阁大臣、情报部门主管和军方高官组成。委员会在反恐怖方面有更大权力。

2007年7月，德国总理要求完善在安全方面的法律制度与体系，还考虑允许德联邦国防军队执行国内安全任务，支持内政部有关的对固定电话、手机和电脑等通信设备进行反恐怖监控的议案，以建立更为严密的反恐怖体系。德国内政部长敦促国内各机构加强协调反恐怖措施。

(三) 反恐怖专业力量与社会力量的结合

恐怖分子就隐藏在社会之中，也在社会中实施恐怖活动；民众是恐怖主义的直接受害者。因此，民众具有参与反恐怖工作的基本意愿，也能够在反恐怖工作中发挥独特作用。专业力量与社会力量结合汇聚成反恐怖工作的合力。

其一，意愿与认识合力。专业力量带动民众深化对恐怖主义本质的认识，提高民众、社会力量参与反恐怖工作的意愿及其主导性。

其二，依托有效的联系渠道，将社会力量融入反恐怖防范工作。如发现恐怖分子活动踪迹、遏制极端主义散布等方面民众具有很大优势，但必须具有有效、高效、实效的渠道将社会力量汇聚起来，以专业力量为引导，避免社会化力量的散乱。

其三，提高社会力量在反恐怖工作中的参与，对恐怖势力形成震慑。一旦民众等社会力量有效地成为国家、国际反恐怖工作的合力要素，恐怖势力在社会的活动空间就会受到极大压制。

其四，以社会力量有序配合现场处置。不仅包括打击现场的恐怖分子，还包括对恐怖分子的追捕、对社会舆论的管控等。但社会力量必须有序参与，否则会造成现场、社会的混乱。

二、各国的反恐怖体系

安全威胁及其性质等国家利益的核心决定着安全战略。[1] 战略的基本要素有：战略环境的分析判断、自身实力和战略资源的评估、战略目标的确定、达成战略目标的途径和手段的选择。[2] 而理念的现代理性异

---

[1] 杨洁勉等：《国际合作反恐怖——超越地缘政治的思考》，时事出版社2003年版，第160页。

[2] 楚树龙：《国际关系基本理论》，清华大学出版社2003年版，第92—98页；钮先钟：《战略研究》，广西师范大学出版社2003年版，第143—185页。

化可能产生强烈的暴力。①

（一）美国的国家反恐怖战略

"9·11"事件以来反恐怖工作在美国安全战略中的地位得到空前的提升，其反恐怖战略主要内容有：

其一，境外武力打击。从小布什到奥巴马再到特朗普，美国"9·11"事件后的三位总统都坚持境外武力反恐怖行动。2005年后，美国政府逐渐将"反恐怖战争"的措辞转变为"反对暴力极权主义的斗争"。这一措辞变化显示了美国反恐怖斗争在手段和内涵两个层面都有深刻的实质意义变化。一是反恐怖手段由"战争"到"斗争"的转变，表明美国更加注重国际合作、经济与政治综合手段来打击国际恐怖主义，而非一味地依赖和强调军事打击手段。二是反恐怖目标和范围的扩展，反恐怖斗争的内容扩展为反对暴力极权主义。这意味着，美国以反恐怖名义的活动将不再局限于阿富汗—伊拉克，将会扩展至非洲、南亚、中亚、东南亚等地区。反恐怖斗争将与其他问题结合，被赋予更多的涵义。

虽然在使用"单边武力"与"多边武力"上有所不同，但都持续在海外实施武力反恐怖包括单边武力打击。在小布什时期发动了阿富汗战争，在奥巴马时期强化了无人机打击，特朗普就任不久就增兵阿富汗、叙利亚、尼日尔等地。

其二，"意识形态"决战。美国将宗教极端势力与大规模杀伤性武器的结合看作是美国面临的最严重威胁，认为"基地"组织所代表的恐怖主义威胁对美国来说是紧迫而全新的，②将反恐怖行为视作是西方的"民主自由"力量与宗教"法西斯主义"的一场战争，是一场21世

---

① 【西】雷蒙·潘尼卡著，思竹、王志成译，何光沪校：《文化裁军》，四川人民出版社1999年版，第132页。
② George W. Bush, A ddress to a Joint Session of Congressand the American People, Office of the Press Secretary, September 20, 2001. http：//www.whitehouse.gov/news/releases/2001/09/20010920-8.htm l.; George W. Bush, President Discusses Waron Terrorat Naval Academy Commencement. *Office of the Press Secretary*, May 27, 2005. http：//www.whitehouse.gov/news/releases/2005/05/20050527.html。

纪的"意识形态"决战。①

美国多次强调，恐怖主义组织将美国作为袭击目标是因为仇视美国的"民主和自由"；"基地"国际恐怖主义组织群的长远战略目标是摧毁美国的现代通讯能力、工业生产能力和经济基础、摧毁美国的军事能力以及世界地位。② 美国强调，恐怖暴力本身，就是恐怖主义的根源。

美国将民主化改造、反扩散与反恐怖主义正式挂钩，提出了打击恐怖主义的全面战略理念。美国还积极进行反恐怖"公共外交"，将其与"先发制人"作为美国反恐怖的两大支柱。美国将打击恐怖组织或恐怖分子看作反恐怖的第一阶段，消除恐怖主义还要在更深层次打击恐怖主义。但随着美国反恐怖战略的扩展，其理念中的霸权主义色彩越来越浓厚。在反恐怖国际背景下，"民主"再次成为美国对外的重要"武器"，作为赢得反恐怖战争的长期方案，以减少可供恐怖分子利用的潜在社会条件。

其三，强调国土安全。2003年2月美国历史上第一个《打击恐怖主义国家战略》报告突出"4-D"战略目标［Defeat, Deny, Diminish, and Defend（击败、杜绝、消除和保卫）］。首先，击败恐怖分子及其组织；其次，杜绝主权国家对恐怖主义的支持；第三，消除恐怖主义产生的基础；最后，通过国土防御和事先采取行动，使美国本土、美国公民和利益免受恐怖袭击。

美国政府强调"软实力"和多边力量，开始实施反恐怖收缩，同时强调本土遭受恐怖袭击威胁的现实性；美国注重反恐怖工作维护在国

---

① 光明网-光明日报、新浪网新闻中心，2006年9月8日，http：//news.sina.com.cn/w/2006-09-08/02109964403s.html。美国副总统切尼强调恐怖分子有反民主自由的仇恨的意识形态；他们妄想用化学、生物甚至核武器武装起来；他们企图摧毁以色列、屠戮美国人、恫吓西方；他们意在结束美国和西方在中东的影响；他们希望控制一个国家，再从那里发起进攻，最终建立一个从西班牙通过北非、中东到东南亚的专制大帝国。

② Frank G. Shanty; Raymond Picquet; John Lalla, *Encyclopedia of World Terrorism*：1996-2002, M. E. Sharpe Refrence, 2003, p. 204.

土安全的评估，① 着重提升对外反恐怖援助与反恐怖战略的有效性②。

其四，重视国际反恐怖联盟，注重多渠道反恐怖行动。"9·11"事件后美国迅速组建了国际反恐怖联盟，在联合国、北约范围得到广泛的支持，美国政府明确要求各国以反恐怖为线站队，美国建立类似冷战时期的机制以赢得长期反恐怖战争、推动长期反恐怖和确保最终胜利，③ 绝大多数国家站在美国在阿富汗武力反恐怖行动的一边。美国反恐怖外交的重点是盟国、大国和反恐怖一线国家。在反恐怖的共同旗帜下，美国和中国、俄罗斯、巴基斯坦、中亚各国都形成了一定程度的合作关系。

美国综合外交、司法、思想、金融和军事等手段，全方位进行反恐怖斗争。在防范恐怖组织的资金流动方面，政府以9月10日时还无法想象的途径进行了金融情报改革。④ 截止到2005年8月，美国已经能够借助《爱国者法》等八部法律来钳制恐怖资金⑤。2001年9月28日，联合国安理会通过第1373号决议，要求所有国家防止和制止为恐怖主义行径提供资金，包括冻结资金和其他金融资产。2001年10月，美国《反洗钱法》在《反恐怖法》框架内迅速得到通过。截至2002年3月，这项行政命令共列出189个组织、实体以及个人。

其五，核心目标是御恐怖于国门之外。从阿富汗反恐怖战争开始，美国就确立了"御恐怖于国门之外"反恐怖目标。"9·11"恐怖袭击表明，国际恐怖组织一旦在阿富汗（以及阿富汗和巴基斯坦交界区域）站稳脚跟，就意味着恐怖袭击临近了国门；一旦美国摧毁国际恐怖组织在阿富汗的存在、控制了阿富汗局势，美国就可以进而从更为深入的源

---

① Cynthia Lum, Leslie W. Kennedy and Alison J. Sherley, "The Effectiveness of Counter-Terrorism Strategies: A Campbell Systematic Review", January, 2006, p. 35.
② United States Government Accountability Office, "Combating Terrorism: State Department's Antiterrorism Program Needs Improved Guidance and More Systematic Assessments of Outcomes", February 29, 2008, p. 1.
③ The National Security Strategy of The United States of America, March, 2006, p. 3.
④ The National Commission on Terrorist Attacks upon the United States, Monograph on Terrorist Financing, Staff Report to the Commission, August 21, 2004, p. 111.
⑤ See in: Martin A. Weiss, "Terrorist Financing: U.S. Agency Efforts and Inter-Agency Coordination", CRS Report for Congress, Order Code RL 33020, August 3, 2005, pp. 2–8.

头消除恐怖主义威胁，实现"御恐怖于国门之外"。阿富汗，成为美国"御恐怖于国门之外"反恐怖目标的进退枢纽之地。

"9·11"恐怖袭击事件发生前，虽然恐怖主义已经成为普遍的国际现象，[①]但国际恐怖组织针对美国的一系列重大恐怖袭击都发生在美国境外。"9·11"恐怖袭击明确地显示国际恐怖组织可以向美国本土发动重大恐怖袭击，阻止国际恐怖分子向美国本土发动袭击，成为美国迫切的目标。"9·11"恐怖袭击对美国人长期以来形成的安全感予以了摧毁性的打击，美国迅速而强烈地产生一种安全反应，其核心就是将恐怖主义袭击挡在国土之外，即"御恐怖于国门之外"。美国在本土实施了严格的反恐、防恐的安全检查制度，设想阻止可能的恐怖分子踏上美国国土；几乎举国一致发动了阿富汗反恐怖战争，期望一举歼灭向美国发动恐怖袭击的恐怖组织老巢；发动对伊拉克的战争，拉开了"改造中东"的序幕，试图从根本上消除针对美国的国际恐怖主义根源。

将反恐怖斗争集中锁定在美国本土之外国际恐怖分子活动重点区域的"御敌于国门之外"有两个核心基点：一是便于直接、集中打击国际恐怖分子；二是将国际恐怖分子吸引于重点区域，防止其全球疯狂扩散，特别是避免在美国本土发生大规模的恐怖袭击。毕其功于一役，一劳永逸地消除恐怖主义的实力及其威胁，是一种难以达到的理想状态。因此，集中于重点地区与国际恐怖势力进行较量，减轻恐怖主义对美国本土发动袭击的压力，就成为一项最佳"次好"的策略选择。

（二）俄罗斯反恐怖理念

俄罗斯的恐怖威胁既与国内的分离势力活动有关，也与国际恐怖活动有关，其境内恐怖分子在不断地国际化。

其一，明确了恐怖主义威胁的方向。俄罗斯将恐怖主义威胁的来源界定为两个方面：一是国内极端分子的恐怖活动特别是车臣恐怖分子的恐怖活动；二是国际恐怖组织对俄罗斯恐怖组织的支持及其共谋。依据恐怖主义威胁源，俄罗斯认为自己面临的恐怖主义威胁根源有二：一是

[①] 金宜久、吴云贵：《伊斯兰与国际热点》，东方出版社2001年版，第722页。

国内的民族、宗教和社会发展等问题诱发的分离主义三股恶势力；二是国际恐怖主义的渗透。

其二，果断打击与追击行动。俄罗斯不惜发动第二次车臣战争打击恐怖主义的巢穴，还在国外追缴恐怖分子头目。2006年俄罗斯联邦议会通过了新的《反恐怖主义法》等一系列反恐怖联邦法律，提高国家反恐怖机构的反应能力。在新《反恐怖主义法》中，规定俄军有权击落或击沉被恐怖分子劫持的飞机或船只，[①]显示了俄罗斯进一步强化反恐怖斗争的决心。2015年9月，当车臣恐怖分子在叙利亚聚合，威胁到俄罗斯重大安全利益时，俄罗斯在叙利亚展开了武力打击恐怖分子的空袭。

其三，有"宽""严"的起伏节奏。俄罗斯在车臣战争的反恐怖行动中，既不遗余力地打击车臣非法武装，不同任何非法武装分子谈判，也促成车臣人内部的分化，利用当地亲俄罗斯的、有影响的上层人物管理车臣内部事务。

苏联解体后，俄罗斯面临着一系列严峻的安全问题，无法集中力量应对恐怖主义威胁。因此，俄罗斯的反恐怖举措中"宽"的成分较多。布琼诺夫斯克事件特别是莫斯科人质事件和别斯兰人质事件以来，俄罗斯反恐怖斗争举措中"严"的成分明显增多。随着车臣反恐怖战争的结束和"擒贼先擒王"的"斩首"行动中一些恐怖分子主要头目的落网，俄罗斯反恐怖斗争中"宽"的成分再度增强，表现为对恐怖组织

---

① 新《反恐怖主义法》确定了俄罗斯总统与国家强力部门在反恐怖斗争中的主导作用，以及国家组织和实施反恐怖行动的基本原则，这些规定包括：（1）俄罗斯总统负责制定国家反恐怖斗争的策略、宣布开始或结束反恐怖行动、任命反恐怖部门的领导人、领导政府内的反恐怖活动；（2）国家在组织反恐怖行动时，俄罗斯总统有权在某一地区或全国范围内实施紧急状态；有权使用军队参与反恐怖行动，具体行动由国家安全局负责组织实施；（3）在预防、制止与打击恐怖活动时，国家情报机关有权对嫌疑人的电话进行监听、截获其电子邮件或信件；在必要情况下，军队有权击落或击沉被恐怖分子劫持的飞机、客机、油轮或船只；（4）在解救人质时，为了保护人质的生命安全，可以与恐怖分子进行谈判，但谈判内容不得涉及任何政治要求，等等。新《反恐怖主义法》还为提高反恐怖部门的职业化和工作效率提供了法律依据。

的瓦解和社会发展的重视。①随着车臣非法武装遭到毁灭性打击，从2006年下半年起，反恐怖战略由以军事行动为主，转而更多倚重怀柔手段。

其四，提出"全民反恐怖"形成反恐怖合力。2004年9月，别斯兰人质事件后，普京总统提出"全民反恐怖"战略目标，成立了全国反恐怖委员会，建立起一整套全国垂直反恐怖协调体系。

2006年7月15日，俄国家反恐怖委员会要求俄境内的非法武装分子向政府自首，以获得宽大处理。2006年9月，俄罗斯通过大赦令规定，向政府缴械投诚的恐怖分子将获得赦免。俄罗斯政府在非法武装分子家属及社会各界呼吁下，多次延长自首最后期限。自大赦令实行以来，到2006年底已有470名非法武装分子放下武器向政府投诚。

2018年1月，俄罗斯出台新的法律，针对"电话恐怖主义"活动要求电信等部门加强反恐怖工作中的自觉行动，不积极防范"电话恐怖主义"活动的企业将受到严惩。

（三）以色列的反恐怖战略及其理念

以色列长期面临严峻的恐怖主义压力，应对恐怖主义威胁成为其国家安全中的重要内容。

其一，强调恐怖主义的极端暴力行为。以色列面临最严重的恐怖主义威胁来自巴勒斯坦激进分子的恐怖袭击。以色列在分析巴勒斯坦激进武装分子实施针对以色列的袭击根源时强调这些激进分子的极端思想。因此，以色列在界定恐怖主义行为时强调其极端暴力行为。

其二，认为跨境"先发制人"打击恐怖主义是符合国际法的。以色列对自己认定的恐怖分子实施"先发制人"的打击策略，以精确打击和跨境军事行动相配合打击巴勒斯坦激进分子。以色列对巴勒斯坦实施了一系列重大的"targeted killing"，还不时派军队进入巴勒斯坦进行反恐。

其三，实行总体战。以色列集国家各个层次的力量打击针对自己的

---

① 张杰：《俄罗斯的恐怖主义犯罪及反恐怖措施》，载《俄罗斯中亚东欧研究》2004年第1期，第29页。

恐怖主义势力，其打击力量体系及策略包括：能够迅速应变的精干反恐怖武装力量；"targeted killing"的打击策略（targeted killing 是"先发制人"的打击策略的典型）；战争反恐怖跨境打击；在"全民反恐怖"理念下以法律形式要求国民承担反恐怖义务和责任；寻求国际反恐怖斗争的有利环境。

以色列在法律上赋予军队反恐怖职能。事实上，以色列以不对称的军事势力对占领区的所有对抗力量形成震慑，对激进分子同样形成一种直接的震慑压力。军队是以色列反恐怖的核心力量，没有强大的军事力量的存在，以色列的反恐怖成效必然大打折扣。在国家正规军队之外，以色列组建特种部队承担反恐怖任务。以色列在反恐怖理念上突出武力，强调和重视反恐怖情报工作和先进的反恐怖技术的运用。

以色列制定和颁布了一系列反恐怖斗争法律法规，在强调反恐怖专门机构功能的同时，要求每个国民都承担反恐怖责任。2004 年 2 月 4 日，以色列特拉维夫法院以"为凶手提供帮助"的罪名起诉了一名犹太人出租车司机，因为这名司机在 2003 年 12 月 25 日将一名巴勒斯坦人送到了特拉维夫附近，那位巴勒斯坦人在那里实施了自杀式爆炸。以色列想通过这种法律行为告诫每个公民严格认真承担自己的反恐怖责任和义务，警惕恐怖威胁。此前，以色列已经以搭载"恐怖分子""帮凶"的罪名分别判处四名以色列阿拉伯裔出租车司机 10 年到 15 年徒刑。

以色列注重寻求反恐怖国际合作，一则壮大自己的反恐怖势力，二则更主要的是壮大自己的反恐怖声势。以色列除与美国加强反恐怖合作外还积极寻求与印度、俄罗斯、英国和中国等国家在反恐怖领域的合作。

其四，以"震慑"为核心的反恐怖战略。以色列的反恐怖战略大致包括三大方面。一是威慑战略。这一战略主要通过武力震慑对方，使对方在高昂的攻击代价面前知难而退，不敢贸然发动攻击。威慑战略的两个原则是"以牙还牙"的报复政策；不与恐怖分子谈判、不同恐怖分子进行任何幕后交易。二是积极防御战略。西蒙·佩雷斯曾说过：

"以色列的反恐怖战略是从防御开始的。"[1] 在安全威胁出现或者形成之前，主动消除构成威胁的潜在因素；构建一个严密有效的防御体系，使恐怖分子难以找到发动攻击的突破点；建立快速有效的反应机制，以便能够在第一时间内对任何暴力攻击做出快捷有力的反应，避免事态扩大。以色列通过"先发制人"的打击政策、构筑全方位、多层次的安全防卫网络、"隔离墙方案"和"单边撤离"政策达到积极防御战略目的。三是综合反恐怖战略。除运用军事手段之外，还充分使用政治、外交、经济、文化等手段进行反恐怖斗争。[2]

其五，以色列的反恐怖理念有深刻的矛盾性。以色列一方面以国家整体力量对恐怖主义实施直接的打击；另一方面在面临的恐怖主义深层次根源方面无所建树。所以，以色列一方面取得反恐怖斗争的明显成效，另一方面确因坚持对巴勒斯坦部分领土的占领而无法从根本上改变以色列长期面临的恐怖主义威胁压力。没有正确的反恐怖理念而仅有完备的反恐怖机制，是不足以维护以色列的长治久安的。

（四）反恐怖战略的基本原则及其系统性

反恐怖体系是一个系统。国家反恐怖体系各个层面的反恐怖力量，需要协调达到组织行动的系统一致，才能够更加有力地打击恐怖主义。系统是由若干要素以一定结构形式联结构成的具有某种功能的有机整体，系统诸要素之间存在有机的秩序关联而使得系统得以整体运作，发挥整体功能，其核心思想是系统的整体观念。整体大于部分之和，系统是一个有机的整体，而不是各个部分的机械组合或简单相加，在系统结构中各系统要素有机地发挥其系统功能。

其一，形成国际反恐怖工作的合力及其体系。国际反恐怖是当代世界反恐怖工作的突出内容，没有国际反恐怖及其合作，任何国家都无法有效实现反恐怖目标。需要重视国际反恐怖工作，需要重视反恐怖国际

---

[1] Monte Palmer and Princess Palmer, *At the Heart of Terror: Is-lam, Jihadist, and Americans War on Terrorism*, Lanham, MD: Row-man& Littlefield Publishers, 2004, p.213. 转引自潘光、王震：《以色列反恐怖战略研究》，载《现代国际关系》2007年第8期，第33页。

[2] 对以色列反恐怖斗争战略的概括，参考潘光、王震：《以色列反恐怖战略研究》，载《现代国际关系》2007年第8期。

合作，在国际反恐怖合作中发挥联合国的主导作用。早在 2003 年，联合国有关机构就已经对反恐怖机制，尤其是立法和司法反恐怖体系的有效性进行了评估。① 但需要防止联合国权威遭受霸权主义挑战。

其二，遵守有效性与合法性的统一。反恐怖防范的技术工作既是有效的，也是有限的，如恐怖分子极有可能利用集装箱检查的漏洞，运输枪支、炸药甚至人员，认为当前最为先进的 X 光检测设施（这些设施只有主要港口才有）"充其量也只能检查 1%—5% 的集装箱"。② "9·11"事件之后，美国在世界各主要港口加强安全防范但恐怖分子依然有机可乘；③ 而美国阿富汗战争中的反恐怖行动的有效性成为美国朝野争议的焦点。④

在实际的反恐怖行动中，必须考虑反恐怖目标的合法性、反恐怖斗争手段的合法性、反恐怖斗争与国家战略的合法性等。一些在反恐怖行动中的过度监听等限制遭到质疑。⑤ 2006 年 3 月，俄罗斯通过的《反恐怖主义法》，规定俄军有权击落或击沉被恐怖分子劫持的飞机或船只。这一重大反恐怖举措显示了俄罗斯反恐怖斗争的决心，但也受到一些质疑，因为事关人质的生命安全。

其三，打击、防范与社会治理综合反恐怖策略的统一。对恐怖暴力的迷信与对反恐怖武力、技术的迷信，都在当代国际社会及其矛盾中折射出来。⑥ 世界各国、联合国的反恐怖行动与理念多侧重于对恐怖活动的直接打击，在反恐怖综合治理方面着力不足；只强调反恐怖而淡化可

---

① Terrorism Prevention Branch, UN Office on Drugs and Crime, "GLOBAL PROGRAMME AGAINST TERRORISM", Vienna, Austria, August 2003, p. 5.

② N. Brew: "Ripples from 9/11: the US Container Security Initiative and its Implications for Australia", *Current Issues Brief*, No. 28, 2003, p. 5.

③ Dana Dillon: "Maritime Piracy: Defining the Problem", *SAIS Review* vol. XXV no. 1, Winter – Spring 2005, p. 159.

④ Cynthia Lum, Leslie W. Kennedy and Alison J. Sherley, " THE EFFECTIVENESS OF COUNTER – TERRORISM STRATEGIES: A Campbell Systematic Review", January, 2006, pp. 24 – 32.

⑤ Joshua D. Zelman, "RECENT DEVEOPLMENTS IN INTERNATIONAL LAW: ANTI – TERRORISM LEGISLATION – PART ONE: AN OVERVIEW", in *Trandnational Law & Policy*, Vol. 11 (1), pp. 1 – 18.

⑥ 陈翠芳：《科技异化与科学发展观》，中国社会科学出版社 2007 年版，第 167 页。

能成为恐怖主义滋生源的社会冲突和社会不公正,其危害是很大的。美国过分依赖军事手段、只注重打击和消灭恐怖分子而忽视治理的反恐怖策略,既给美国也给世界带来巨大负面影响。反恐怖综合治理,能够最大程度地孤立恐怖势力。

其四,既要避免理想化与简单化思维,也须警惕利用恐怖分子牟利、利用反恐怖行动推行霸权的做法。反恐怖中存在两种倾向,一种是迷信武力反恐怖而轻视其他反恐怖举措,迷信武力是技术工具在政治上的异化,[①] 希冀通过武力反恐怖的简单方式消灭恐怖主义。由于恐怖暴力是无限极端的政治暴力,反恐怖斗争必须严厉打击恐怖主义的行为以遏制恐怖暴力的嚣张气焰。但单纯的武力打击、反恐怖技术提升是无法有效解决恐怖主义问题的,甚至可能出现"恐怖暴力—反恐怖暴力—新的恐怖暴力—新的反恐怖暴力"的暴力恶性循环。

另外一种,国际社会有舆论期望:在没有霸权主义和强权政治的国际环境下反恐怖,期望国际反恐怖斗争在一个理想化的国际社会中进行。国际社会是一种现状,霸权主义和强权政治是一种现实的存在。而美国以反恐怖战争的方式摧毁了"基地"组织的阿富汗巢穴,在国际社会形成反恐怖的大氛围;国际反恐怖工作只能在一个非理想化的状态下推进。

霸权主义在反恐怖工作中往往有两种极其错误的做法,一是将反恐怖作为推行、谋取霸权的工具,如"9·11"后美国以反恐怖推行新的"民主"输出浪潮,[②]不仅将反恐怖战争扩大化到伊拉克,还出台了"民主化改造中东"的"大中东计划",加剧地区局势的动荡,而恐怖主义则得到发展和蔓延的机会。二是利用恐怖分子牟利的反恐怖短视行为。有些国家把恐怖主义当作了打击、削弱对手和铲除异己、获得权力和相对收益的手段,对反恐怖实行双重标准。2011年阿拉伯地区动荡中就有一些国家默许、纵容、支持国际恐怖势力参与地区动荡,"伊斯兰

---

① 【德】哈贝马斯著,李黎、郭官义译:《作为"意识形态"的技术与科学》,学林出版社1999年版,第104页。

② 刘国平:《美国民主制度输出》,社会科学文献出版社2006年版,第181—199页。

国"兴起的过程中也有此类现象。事实上，国际恐怖主义已经成为一种全球现象，任何支持恐怖主义的行为都会对全球恐怖主义起到鼓励和间接支持的作用，最终会危害到每个国家。

其五，坚持以进步原则作为反恐怖体系的基本理念、核心准则。评判恐怖主义异化诸现象的标准是人的标准（道德标准）和历史标准（历史进步）的统一，统一于实现人类社会发展的正向价值，社会的进步，应该有益于人的更大程度的解放和全面发展。[①] 反恐怖斗争的相关社会治理，其方向是促进社会的普遍性、总体性的进步；将进步作为反恐怖标准，是反恐怖斗争的进步性表现。目前，各国与国际社会的反恐怖体系及其理念中，还没有体现这一点。这也意味着国际反恐怖斗争体系及其理念还存在较为严重的片面性，也意味着国际反恐怖斗争的深入进行还存在着重大瓶颈。

反恐怖斗争的进步原则是指：以促进社会进步作为反恐怖斗争的方向；以社会进步作为反恐怖斗争的策略和手段；将社会进步理念贯穿于反恐怖斗争始终。评判国际反恐怖斗争、反恐怖理念和战略（体系）的有效性、合法性和正义性，应当与进步性相联系；反恐怖理念、战略（体系），反映国家和国际社会更高层面的战略与理念。《联合国全球反恐怖战略》中就突出强调了这一理念。[②] 促进国际社会的公平正义，将社会进步作为反恐怖斗争的最高准则，是国际恐怖主义与反恐怖斗争形势发展的必要。

时代发展包括经济全球化和科技进步，提供了社会进步的巨大可能性。全球化社会的一个核心就是社会治理。当代科技进步在促进全球化深入发展的同时昭示了其为社会进步能够提供的巨大可能性。20 世纪

[①] 胡真圣：《两种正义观：马克思、罗尔斯正义思想比论》，中国社会科学出版社 2004 年版，第 2 页。

[②] 如鼓励整个联合国系统加大在法治、人权和善政领域已开展的合作和援助的规模，以支持经济和社会持续发展……确保尊重所有人的人权和实行法治作为反恐怖斗争根基的措施……维护所有国家的主权平等，尊重其领土完整和政治独立，在国际关系中不以不符合联合国宗旨和原则的任何方式进行武力威胁或使用武力，坚持以和平手段并按照正义和国际法原则解决争端，尊重仍处于殖民统治或外国占领下的人民的自决权利，不干涉各国的内政，尊重人权和各项基本自由，尊重所有人的平等权利。

90年代以来，信息技术、生物技术、能源技术和纳米技术等科技进步在广度和深度上都取得了同过去不可同日而语的巨大成就。科技进步成就广泛应用在经济社会的各个领域、层面，科学技术特别是高科技成为经济发展的主导力量。科技进步不仅能应用于反恐怖斗争，还能更广泛地应用于社会发展进步中。

第七章
中国的反恐怖策略

中国面临的恐怖主义威胁既有现实的,也有潜在的和未来可能的;中国反恐怖主义斗争应该是长期的全方位的,这要求我们建立完善的国家反恐怖体系。

世界历史大潮中伴随的恐怖主义现象反映出了社会矛盾及其社会治理中的冲突,① 当代国际恐怖主义活动是当代世界突出的非传统安全问题,反恐怖主义的举措、手段应当是综合的。

第一节 反恐怖工作的指导理念与策略

中国的反恐怖主义战略思维是一贯的,即维护国家安全、保障并促进社会稳定与发展,反对一切形式的恐怖主义、坚决打击恐怖活动、实施综合治理。当前,中国明确了反恐怖主义的目标是"防范和惩治恐怖活动,加强反恐怖主义工作,维护国家安全、公共安全和人民生命财产

---

① Arno J. Mayer, *The Furies: Violence and Terror in the French and Russian Revolutions*, Princeton, New Jersey: Princeton University Press, 2000, p. 27.

安全"，"将反恐怖主义纳入国家安全战略"。① 因此，总体国家安全观成为中国反恐怖主义的指导理念。

一、遏制恐怖势力的嚣张气焰是反恐怖工作的基础

长期以来，中国与当代国际社会的普遍认识是一致的：反恐怖工作的基础就是有力打击暴恐活动、有效遏制恐怖势力的嚣张气焰。

其一，严厉打击暴恐活动、遏制恐怖主义是反恐怖主义防范工作、综合治理工作的前提。不能遏制恐怖势力活动的嚣张气焰，任何反恐怖工作都无法推进、都只是空幻；恐怖势力的嚣张气焰不能遏制，其活动只能是越来越膨胀，酿成更大的危害。

"9·11"事件后中国反应迅速，谴责这一恐怖行径。通过政治打击恐怖主义，形成普遍的反恐怖氛围。2003—2012年中国公布了三批认定的"东突"恐怖组织和恐怖分子名单。认定并对外公布恐怖组织和恐怖分子体现了反恐怖原则和立场，是我们同一切形式的恐怖主义进行斗争的具体举措。中国以明确、一贯的态度反对一切形式的恐怖主义，在政治上清晰地表达中国坚定的反恐怖立场和态度。20世纪六七十年代，中国不仅多次在联合国表达坚定的反恐怖立场，还向巴解组织等表达反对恐怖暴力形式的意见。

其二，有力打击、持续打击、主动出击相结合。有力打击，就是有效地摧毁恐怖势力及其组织的组织能量、从根本上消除恐怖活动的组织基础；持续打击，就是不给恐怖势力喘息之机、避免恐怖势力再次聚合膨胀，也避免给恐怖势力各种幻想；主动出击，就是积极追击恐怖分子，以积极的举措促进国际反恐怖合作，遏制恐怖活动要素的流动及对恐怖分子的打击，国际社会以沉重的代价认识到，消极被动地等待恐怖分子实施暴恐袭击、聚合活动资源得手后再予以打击，只会导致恐怖势力越来越膨胀和嚣张。

---

① 《中华人民共和国反恐怖主义法》第一条、第四条，中国人大网，2018年6月12日，http://www.npc.gov.cn/npc/xinwen/2018-06/12/content_2055871.htm。

其三，清除极端主义。极端主义是恐怖主义的思想基础，打击恐怖主义的极端主义思想是反恐怖工作的基础性、根本性的工作。打击、清除其极端主义的表现、影响，既是直接打击恐怖势力及其活动能力，也是反恐怖社会治理工作的重要目标。清除极端主义，包括对暴恐分子、极端分子的教育转化；在社会领域清除极端主义影响；在思想领域强化国家意识、现代理念。

二、防范为主的法治化反恐

中国的反恐工作的重点是防范。《中华人民共和国反恐怖主义法》97条中有26条是防范恐怖主义的内容。防范工作，一方面防范暴恐袭击的发生，另一方面巩固打击恐怖主义的成效，其主要路径是：

其一，遏制恐怖活动要素流动，阻止一系列的恐怖活动。遏制涉及恐怖活动的物资流动、资金流动、人员流动、信息流动，并在重点区域、场所实施重点防范。既防范暴恐袭击的发生，也遏制恐怖势力聚合能量。一旦其活动要素不能流动，恐怖势力的活动能量就会被有效地遏制。

其二，通过严密防范有效制止暴恐袭击的发生就等于遏制了恐怖氛围的扩散。恐怖主义往往借助暴恐袭击来扩散其影响，制造恐怖袭击氛围。有效阻止恐怖势力的活动，也是在沉重打击恐怖势力的蛊惑宣传能力。

其三，严密防范与严厉打击相结合。防范与打击是并举的、相互结合的，防范离不开严厉打击、没有打击的防范是被动的；严厉打击也离不开防范，严厉打击的成果需要严密防范来巩固。

其四，以法律规范行为强化打击与防范举措。中国在专门的反恐怖主义法、刑法等一系列法律中规范反恐怖工作，为反恐怖工作提供了保障、规范、准则。

三、反恐怖综合治理

恐怖主义问题与教育、贫困等诸多问题相联系。[①] 中国的反恐怖法明确提出采取"综合施策，标本兼治，运用政治、经济、法律、文化、教育、外交、军事等手段，开展反恐怖主义工作"；综合反恐怖，是反恐怖手段的综合与反恐怖领域的综合，其目标是达到标本兼治。

其一，通过多手段、多领域的反恐怖综合治理，既是治本，也是治标。遏制恐怖主义滋生、蔓延的社会空间，遏制恐怖活动要素的流动，既能促进反恐怖治本工作，也是反恐怖现实工作的重要内容。恐怖势力及其组织借助各种社会问题进行极端主义蛊惑并聚合资源聚合能量，有效的反恐怖社会治理能够有效地击溃恐怖势力的极端主义影响，遏制恐怖势力聚合资源的能力。

其二，反恐怖综合治理促进反恐怖工作与社会全面进步的共同发展。"反对恐怖主义，加强综合施策，抓好民生建设"是统一的工作；[②]综合治理要追求社会交往、社会交融，促进社会各阶层、各族群的关系，像"石榴籽一样紧紧抱在一起"；综合治理还要推进每个人的个人发展、实现"人的解放"。

其三，以中国国家发展的根本指导理论，以现代社会发展意识，来引导反恐怖主义综合治理工作。反恐怖主义综合治理绝不是以宗教理念、反现代的某些理念来"对冲"恐怖势力蛊惑的极端主义，那样做只会陷入恐怖主义的圈套，导致反恐怖被动地由恐怖势力主导"话语权"。"共同反对网络上宣扬极端、散布仇恨的言论"需要的是"传播重和平、尚和谐、求真知的理念"。[③]

---

① Claude Berrebi, *The Cause and Consequences of Terrorism*, Ann Arbor: ProQuest Information and Learning Company, 2005, p. 13, 65.
② 习近平：《携手推进新时代中阿战略伙伴关系——在中阿合作论坛第八届部长级会议开幕式上的讲话》，《人民日报》，2018 年 7 月 11 日，第 2 版。
③ 习近平：《携手推进新时代中阿战略伙伴关系——在中阿合作论坛第八届部长级会议开幕式上的讲话》，《人民日报》，2018 年 7 月 11 日，第 2 版。

其四，以未来的发展理想蓝图引领反恐怖工作。共同的发展意愿及其方向、美好的发展前景与理想憧憬，既是反恐怖综合治理的目标，也是反恐怖综合治理的动力。经过持续的反恐怖主义综合治理，反恐怖工作在未来取得成功的时候，社会会迎来大的飞跃——一个获得全面的、巨大的社会发展进步的时代。

第二节 反恐怖能力建设

严峻的恐怖主义现实威胁需要建立完整的反恐怖体系，中国政府不断建立健全反恐怖组织机构与机制，以构建完善的、全面的国家反恐怖能力体系。

一、专业力量建设

组建专门的反恐怖结构和力量是世界各国的普遍做法，中国也非常重视反恐怖专业力量的建设。

其一，中国反恐怖专业力量的内涵。主要包括三方面的力量：一是公安、司法力量，这是打击、防范恐怖活动的常规力量；二是政府其他部门，包括教育、通讯、金融等部门；三是国家武装力量。2014年以来中国在国家安全委员会下逐步统一了反恐怖工作领导体系。

1982年，中国就组建了"反劫机特种警察部队"。2002年在上海成立中国首支武警反恐怖特种部队，其他地区也先后建立了反恐怖部队，一些大城市纷纷举行了反恐怖防暴演练。布置于各地的专业反恐怖武装行动分队是反恐怖武装力量的主体，与临近地区的专业反恐怖行动分队形成配合态势。

中国积极建立、完善反恐怖司法体系，加强恐怖犯罪的刑事立法。中国1979年第一部刑法个别条款中已经蕴涵了相关的恐怖活动犯罪；

1997年刑法第120条规定了组织、领导、参加恐怖组织罪；2001年第九届全国人大常委会对刑法做了补充修改，增加了恐怖活动犯罪的17个罪名，加重了处罚力度。2005年以来，中国积极筹建完善与反恐怖法配套的禁毒法、消防法、治安管理处罚法、护照法和出入境管理法等法律、法规。修改了有关惩处恐怖犯罪的法律，采取了一系列防范恐怖活动的措施，强化了对爆炸物品等危险品的管理，加强了出入境管理、边防管理。2015年12月中国通过了反恐怖主义法。

2003年中国人民银行建立专门的反洗钱机构打击恐怖犯罪活动的融资，中国的银行系统在积极筹建反洗钱金融交易支付监测中心。

其二，提高专业力量的功能。中国不主张战争反恐怖模式。反恐怖专业力量的功能包括：负责打击、防范恐怖主义的主要工作；负责领导、主导、引导民众参与反恐怖工作，以专业力量为主导带动民众参与社会反恐怖工作，在反恐怖工作"合力"中发挥主导作用；参与反恐怖综合治理。

其三，专业力量的保障。在组建反恐怖部队的同时，各地纷纷提升反恐怖能力、优化反恐怖装备。中国反恐怖法中明确规定了对资金、培训等的支持。①

加强反恐怖斗争的力量需要持久建设。在加强反恐怖专门力量建设方面，需要加大反恐怖战术训练，提高处置恐怖袭击事件的实战能力。还需要对反恐怖作战对象进行深入的研究，研究未来反恐怖作战的各种可能模式。在反恐怖武器、通讯等装备上，需要确保高新技术武器装备的优先地位，实现反恐怖装备的现代化。随着科技进步发展，技术手段

---

① 第七十三条　国务院和县级以上地方各级人民政府应当按照事权划分，将反恐怖主义工作经费分别列入同级财政预算。国家对反恐怖主义重点地区给予必要的经费支持，对应对处置大规模恐怖事件给予经费保障。第七十四条　公安机关、国家安全机关和有关部门，以及中国人民解放军、中国人民武装警察部队，应当依照法律规定的职责，建立反恐怖主义专业力量，加强专业训练，配备必要的反恐怖主义专业设备、设施。县级、乡级人民政府根据需要，指导有关单位、村民委员会、居民委员会建立反恐怖主义工作力量、志愿者队伍，协助、配合有关部门开展反恐怖主义工作。《中华人民共和国反恐怖主义法》，中国人大网，2018年6月12日，http://www.npc.gov.cn/npc/xinwen/2018-06/12/content_2055871.htm。

已成为阻止恐怖主义活动的关键因素。在反恐怖专业人员的来源和组成结构上，需要注重多样化，需要大批反恐怖的反爆炸专家、谈判专家与侦破专家，注重反恐怖战斗队员的实战心理训练，实现优势互补。对突发恐怖事件需要做出迅即的反应，在国家统一权威指挥系统领导下，积极发挥社会和有关反恐怖专门机关的作用。

二、全民力量建设

中国积极、有序动员民众参与反恐怖工作，形成反恐怖工作的全民"合力"，"把严厉打击暴力恐怖活动作为当前斗争的重点，高举社会主义法治旗帜，大力提高群防群治预警能力，筑起铜墙铁壁、构建天罗地网"。[①]

其一，将人民安全视为反恐怖工作的中心，将人民视为反恐怖工作的力量源泉。反恐怖工作服务人民安全、依靠人民力量，将维护社会稳定、人民生命财产安全作为宗旨。

全民反恐怖意味着失道寡助的恐怖主义活动更快地走向败亡。恐怖分子不是生活在真空中的，在谋划和进行袭击时总会有异常的地方。民众提高了反恐怖意识，可以即时发现恐怖分子的异常活动和现象，也就有可能及时向有关部门报告，就可以增强政府反恐怖工作的有效性，降低反恐怖斗争成本。俄罗斯地铁爆炸事件后，俄罗斯认识到"反恐怖的最强有力武器是公众的镇静以及训练有素的警惕性"[②] 之后，俄罗斯加强了针对恐怖袭击的民防和巡逻工作，请求公民们保持警惕，一旦发现可疑人员或无主物品，要迅速通知警察局。普京总统在全国电视讲话中号召全社会动员起来，共同打击恐怖主义活动。

其二，在反恐怖工作四个环节中全面、充分发挥民众的作用。中国反恐怖法中将反恐怖工作划分为安全防范、情报信息、调查、应对处置

[①] 《习近平在第二次中央新疆工作座谈会上发表重要讲话》，新华网，2014年5月29日，http://www.xinhuanet.com/photo/2014-05/29/c_126564529.htm。
[②] 《俄罗斯全境已加强安全戒备政府号召全民反恐怖》，中新网，2004年9月1日。

等四个环节,民众在每个环节中都能够发挥重大作用。全民反恐怖,首先是要使民众认识到恐怖主义的邪恶本质和反恐怖斗争的正义性;其次是树立增强广大民众对反恐怖斗争的必胜信念;再次是反恐怖斗争要依靠全社会广大民众的力量和自觉性主动性。

培育民众的反恐怖意识和主动性,可以压缩恐怖分子的活动空间,增强打击恐怖主义的针对性。国际社会普遍认识这一重要性。别斯兰事件中,俄罗斯民众自发起来打击劫持人质的恐怖分子。随着车臣恐怖分子活动的猖獗,俄罗斯民众包括车臣人民逐渐认清了车臣恐怖分子的面目,积极支持政府的反恐怖行动。正是俄罗斯民众的支持,俄罗斯对车臣恐怖分子头目的追剿才卓有成效。以色列立法中要求公民承担反恐怖重任和义务,曾因恐怖分子乘坐其出租车而判该出租车司机罪。

自2016年中国反恐怖法实施以来,中国各地普遍重视民众参与的反恐怖防范演练,国际社会也普遍采取这一做法。"9·11"事件后,纽约城市加强培训市民应对恐怖袭击及突发事件的能力,如推出一个家庭紧急情况反应教育计划。计划通过深入社区的直接教育和培训,来加强纽约市民对恐怖袭击和突发紧急情况的反应能力和意识。国际社会将反生物化学恐怖处置、自我防护等内容寓于平时的民防、消防、环保的减灾、救灾(核、化事故)经常性演练中,提高全民对生物化学恐怖威胁的认识、处置和自我防护能力,就会大大降低民众对恐怖袭击等突发事件的恐慌。[1]

在重要(人员、建筑、事件)目标的保护中发挥民众的作用。反恐怖等国土安全治理,需要以强力部门为基础的组织计划以保护政治性设施和关键性设施,[2] 民众参与其中,则可以揭露恐怖分子的隐蔽、诡秘活动,群众目光是最大的力量源泉和最好防线。

---

[1] Larry M. Baddour, MD, Zhi－Jie Zheng, MD, PHD, Co－Chairs Darwin R. Labarthe, MD, MPH, PHD, FAHA, Siobhán O'Connor, MD, MPH, *Direct Cardiovascular Implications of Emerging Infectious Diseases and Biological Terrorism Threats*, Circulation, Vol. 115, Mar 2007, p. 1693.

[2] Cecelia Wright Brown, *A Case Study of Anti－terrorism Avacuation Modle of A Megnetic Levitation Train Station in An Urban Environment*, Ann Arbor: ProQuest Information and Learning Company, 2006, p. 49.

其三，专业力量与民众等社会力量相结合，有序参与、有效防范恐怖氛围的扩散。恐怖活动的一个主要目标就是在民众当中制造恐怖心理效应，制造恐怖气氛，因而反恐怖斗争需要将恐怖形势和信息对民众公开，不仅是借以消除恐怖暴力的恐慌，更可以调动民众的巨大反恐怖力量。[①]

在民众参与反恐怖工作中，专业力量是主导力量，只有以专业力量为中心才能够形成反恐怖工作"合力"。如中国民兵作为全民武装力量的重要组成部分，也是全民反恐怖的重要力量。民兵参与社会治安综合治理；建立组织民兵信息网，侦察、监视恐怖组织的活动，及时发现获取恐怖组织准备进行恐怖袭击活动的情报信息；守卫巡逻重要防恐目标；向民众进行反恐怖宣传，解释传达国家反恐怖政策与原则；对恐怖分子、极端分子及其家属进行心理战以瓦解恐怖组织、摧毁恐怖分子的意志；在恐怖袭击等突发事件中的救援工作，配合国家的其他反恐怖行动等方面，都可以发挥独特的反恐怖作用。这些都是专业与群众结合的具体形式。

三、发挥各地反恐功能，形成全国一体的反恐工作机制

不同地区在反恐怖工作都具有重要的、独特的地位与作用。

其一，发挥地方政府特别是省级政府在反恐怖工作中的重要作用和功能。反恐怖常态防范、第一时间第一现场的紧急处置、反恐怖综合治理等，都需要地方政府发挥重要作用。美国应对恐怖袭击等灾难的第一反应方是当地政府和邻近地区的应急机构，只有威胁和危害超出地方和州一级政府的应对能力范围，方动用联邦政府的力量。

其二，发挥城市在反恐怖工作中的突出作用。城市是恐怖袭击的高发区，现代城市具有人口高度密集、流动性强、人际交往频繁等特点，使城市成为恐怖分子的袭击目标。"9·11"事件后出现的一个主要争

[①] Susan L. Cutter, Douglas B. Richaroson, and Thomas J. Wiilbanks, *The Geographical Dimensions of Terrorism*, New York and London: Routledge, 2003, pp. 210–211.

论就是,是否将城市迁离工业中心——将商业区和建筑群迁移到郊区。这一设想可以追溯到二战期间,当时存在对空袭的巨大恐慌。① 城市是防恐和反恐的重要区域,城市反恐怖是发挥地方政府反恐怖功能的重要形式;城市反恐怖与国家反恐怖的差别不仅在于地域范围上,而且在于前者将更多的精力放在具体的反恐怖措施上,强调反恐怖举措的直接性和效用性。

城市等地方反恐怖斗争,可以增强国际反恐怖斗争的合作。别斯兰人质事件后,2004年9月16日,莫斯科、巴黎、伦敦和柏林市长在莫斯科宣布成立城市间反恐怖联盟,简称"M4"(M是英文单词"Mayor"的首字母)。城市反恐怖联盟是国际反恐怖合作的一种突破,② 城市间反恐怖联盟对具体经验的跨国、跨地区交流有促进作用。

其三,发挥边疆地区、暴恐频发地区省份的反恐怖作用。中国边疆地区的一些重要城市临近国际恐怖主义活动的高发地带,如中亚、南亚、东南亚等恐怖活动高发区,因此发挥省级地方政府反恐怖功能,成为中国反恐怖斗争中一项急迫的课题。为适应反恐怖斗争形势需要,2007年12月,省会城市反恐怖应急力量的演练——"昆仑2007"在西宁进行。由于2008年的奥运会,北京警方把提高城市反恐怖能力列为2008年首要任务。③ "9·11"事件后中国香港特别行政区计划分两阶段出台反恐怖法,首阶段配合联合国"第1373号决议案",着重防止为恐怖活动筹集资金。2008年3月西藏拉萨的暴力骚乱事件敲响了地方政府应对恐怖事件的新警钟。随着云南"国际大通道"战略的推进,国际恐怖主义借助这一"国际大通道"的便利进行恐怖活动的可能性、现实性大大增加。在全球恐怖活动两大全球"循环圈"中,云南在东部"循环圈"中处于重要地位。

地方政府在反恐怖斗争中具有一些独特条件:临近境外国际恐怖源,是反恐怖工作的前沿,可以增加针对性有效性,并且防止恐怖主

---

① Michele Marle Jacobs, Real Estate, *Terrorism and Secure Design: Implications for Landscape Architecture*, Ann Arbor, ProQuest Information and Learning Company, 2004. p. 27.
② 《全球城市反恐怖时代来临》,《国际先驱导报》,2004年9月28日。
③ 《北京警方将提高城市反恐怖能力列为首要任务》,《新京报》,2005年1月24日。

义效应的扩散；接近与恐怖主义相关的问题源，反恐怖综合治理工作可以在政治上更好地打掉恐怖分子进行蛊惑的幌子，将打击恐怖主义与解决相关的非传统安全相结合，既可以降低成本，又可以提高成效；通过加强社会治理打击恐怖主义的力度，有效分化瓦解恐怖分子、促进恐怖分子转化[1]；加强相关反恐怖工作包括打击恐怖主义力度，易于在恐怖袭击策划阶段发现恐怖预谋；完善国家反恐怖体系，加强在重点地区地方政府的反恐怖功能与作用，可以提高反恐怖应急反应能力、持续打击能力；带动社会经济发展，反恐怖综合治理可以解决一些与恐怖主义相关的社会问题，带动地方社会经济的发展，加强地方与中央的联系和协调。实行综合治理促进社会经济发展，阻止潜在的极端分子转化为恐怖分子，是有效打击恐怖主义的最具长效的举措。[2]

第三节　反对一切形式的恐怖主义

面对全球恐怖主义威胁，中国一贯坚持"反对一切形式的恐怖主义"的国际反恐怖合作原则。这一原则具有丰富的内涵，与中国一贯的外交政策、理念是一致的。

第一，反对一切形式的恐怖主义表达了中国坚定的反恐怖主义立场与坚定的反恐怖主义意志。

其一，反对一切形式的恐怖主义，就是无论恐怖主义发生在何时、何地，针对何人，以何种方式出现，都应予以坚决谴责和打击。"9·11"事件发生两天后的2001年9月13日，中国政府发表声明，向国际社会表明中国坚决反对恐怖主义的立场，即中国一贯反对一切形式的恐

---

[1] David A Alexander, Susan Klein, "The psychological aspects of terrorism: from denial to hyperbole", *Journal of the Royal Society of Medicine*, Vol. 98, Dec. 2005, p. 261.

[2] Kurt M. Campbell and Richard Weitz, *Non-Military Strategies for Countering Islamist Terrorism: Lessons Learned From Past Counterinsurgencies*, The Princeton Project Papers, The Woodrow Wilson School of Public and International Affairs, Princeton University, 2006, p. 28.

怖主义，无论恐怖主义发生在何时、何地，针对何人，以何种方式出现，都应予以坚决谴责和打击，国际社会应采取一致立场，坚决打击各种形式的恐怖主义；同时，强烈谴责这一在美国纽约发生的恐怖袭击事件，对无辜受害者和他们的家属，对美国政府和人民表示深切的同情和慰问。①

其二，要求国际社会与中国一道严厉打击相关恐怖分子。2003年12月、2008年10月、2012年4月，中国先后发布了三批认定的"东突"恐怖组织和恐怖分子名单，呼吁世界其他各国政府尤其是执法部门对我国认定并公布的这些恐怖组织依法取缔，禁止在其境内活动，禁止支持、资助、庇护它们，冻结它们的资产；对这些恐怖分子依法进行刑事调查，查清其下落予以拘捕，并移交给中国依法追究其刑事责任。

其三，反对一切形式的恐怖主义是中国反恐怖主义的基本原则与国策。2001年10月中国在联合国正式阐述这一原则，2002年1月中国正式提出这一反恐怖原则，② 2002年11月，中国将这一原则作为国策正式确立起来，③ 2015年通过的《中华人民共和国反恐怖主义法》再次确认这一基本原则与政策。

第二，积极参与国际反恐怖合作。

积极参与国际反恐怖合作是中国反恐怖工作的基本方针，指导着各项国际反恐怖合作的具体工作。

其一，中国积极参加国际反恐怖公约。先后签署了联合国《禁毒公约》《打击跨国有组织犯罪公约》和《反腐败公约》等国际反洗钱的重要法律文件。"9·11"事件后，中国政府积极推动联合国第1368、1373号等反恐怖决议的通过，并分别签署了《制止向恐怖主义提供资助的国际公约》《打击恐怖主义、分裂主义和极端主义上海公约》等国

---

① 《人民日报》，2001年9月13日，第1版。
② 《共同促进世界的和平与发展》，《人民日报》，2002年1月1日，第1版；《江主席接受中东社书面采访问全文》，《人民日报》，2002年1月19日，第1版；人民网，2002年1月24日, http://www.people.com.cn/GB/shizheng/16/20020124/655018.html。
③ 江泽民：《全面建设小康社会开创中国特色社会主义事业新局面》，《人民日报》，2002年11月9日，第1版。

际反恐怖融资的重要法律文件。

其二,"9·11"事件后,中国成功参与国际反恐怖合作。中美双边反恐怖合作取得重大突破。中国不断加强与中亚、南亚、东盟、欧盟等相关国家和地区性组织的反恐怖合作,包括加强情报交换,促进务实合作,采取适当金融措施防止恐怖主义的资金流动,加强各国反恐怖能力建设等等。在双边合作领域,中国与美国、俄罗斯、英国、法国、巴基斯坦、印度等国分别进行反恐怖磋商,开展反恐怖情报交换,加强在冻结恐怖组织资产等金融方面合作等。同时还与一些国家举行了联合反恐军事演习。

中国在上海合作组织、亚太经合组织(APEC)等多边场合的反恐怖国际合作也在向更深层次发展。在区域反恐怖合作领域,中方在亚太经合组织、上海合作组织、东盟地区论坛等有关地区组织中与有关成员就反恐怖形势及合作等问题进行了探讨,推动发表了多项反恐怖声明和有关法律文件。

其三,主张联合国在国际反恐怖合作中发挥主导作用。中国特别强调反恐怖要遵守《联合国宪章》和国际法基本准则。中国积极推动联合国层面的全球国际反恐怖合作,争取联合国发挥最大的作用,通过联合国不断完善全球反恐怖国际合作。

联合国是全球反恐怖合作的主阵地。联合国不仅富有影响力地推动有关反恐怖斗争的重大立法和决议,还在金融反恐怖、反恐怖斗争的技术层面推进全球反恐怖的深化。而且,联合国的各个功能组织在反恐怖斗争中都能够发挥全球性作用。所以,联合国层面的反恐怖国际合作,能够最大程度、最为广泛地形成反恐怖国际声势,在形成反恐怖合力的同时减少在反恐怖问题上的杂音和阻碍。在联合国反恐怖国际合作的强大声势下,联合国安理会的第1368号和第1373号两个决议使一些恐怖分子的活动受到限制,从而使国际反恐怖斗争进展更加顺利。

全球国际反恐怖合作不只是联合国一个层面。在联合国的主导作用下,全球性的反恐怖合作活动如国际反恐怖会议和讨论对重大恐怖事件和反恐怖行动的全球反应能够产生更好的全球影响。全球国际反恐怖合作，最大的功能就是推进全球反恐怖的政治一致。反恐怖国际政治一致，决定着国际反恐怖斗争的总体趋势，对每一地区和国家的反恐怖斗争产生直接影响。

第三，标本兼治推动反恐怖国际治理。

在注重打击、防范合作的同时，中国强调反恐怖国际治理，消除恐怖主义滋生的社会环境与空间。

其一，认为普遍发展与共同繁荣是反恐怖的基础，加强文明之间的沟通与融合是反恐怖的保障。[①] 中国希望以新的安全观、新国际秩序，推动国际公平正义和世界和谐，推动共同可持续发展。中国认为只有这样才能够真正消除国际恐怖主义的根源。除从恐怖主义威胁的问题角度和反恐怖利益促进合作考虑外，中国注重加强从恐怖主义根源角度来促进国际反恐怖合作。如自杀式暴力犯罪的一个重要根源是其错误的社会认知。[②] 消除产生错误社会认知的环境是反恐怖斗争国际合作的一个重要领域。

其二，反恐怖应有利于维护人类的和平与安全，并促进社会文明进步与繁荣；避免越反越恐现象及其持续。2003年1月，中国外长在联合国安理会反恐怖问题外长会议上系统阐述中国反恐怖政策时强调，维护人类和平与安全是反恐怖的核心。这是反恐怖工作的目标，也是衡量反恐怖工作成效的尺度。对恐怖主义采取打击行动，必须证据确凿、目标明确。中国反对任意扩大打击范围，因为这只会使局势更复杂，不利于世界的和平与稳定，也不利于国际社会团结一致地反对和消除恐怖主义。在联合国主导的反恐怖决议等工作，目的最终还是要维护和恢复国际和平，逐步推进国际政治民主化和世界和平。

"9·11"事件后美国的反恐怖斗争并不是新的战略，而是两极冷战结束以来的新帝国战略的继续。[③] 美国对巴基斯坦的高压反恐怖策

---

① 《唐家璇在安理会反恐怖问题外长会议上发言》，《人民日报》，2003年1月21日，第1版。
② 何贵初：《自杀式暴力犯罪》，中国人民公安大学出版社2003年版，第162—163页。
③ 【英】瓦西里斯·福斯卡斯、比伦特·格卡伊著，薛颖译：《新帝国主义：布什的反恐怖战争和以血换石油》，世界知识出版社2006年版，第180页。

略，反而使巴基斯坦国内的极端情绪高涨。在非洲，美国的急于求成、迷信武力反恐怖的做法，同样恶化了反恐怖斗争环境。这些值得中国引以为鉴。

其三，反对将恐怖主义问题和特定的宗教或民族相联系，以民族和解、融合，以宗教与现代社会相适应促进国际反恐怖工作；反对双重标准。明确反对将恐怖主义同特定的民族、宗教和地区挂钩，不赞成反恐怖扩大化。在2018年7月中旬的中阿合作论坛第八届部长级会议上，双方强调了去极端化工作的合作，推动办好中阿文明对话暨去极端化圆桌会议。

其四，注重消除引起恐怖主义滋生的条件。反对恐怖主义国际合作中的标本兼治，应建立公正合理的国际政治经济新秩序，促进世界各国在平等互利基础上的共同发展繁荣。一方面促进社会经济发展；一方面促进社会、政治热点问题的解决，方能有效遏制恐怖势力在国际社会滋生、膨胀、蔓延的空间。

中国反对单纯依靠武力来解决恐怖主义问题绝非否定武力反恐怖及其效用；中国的反恐怖斗争强调标本兼治，而标本兼治需要武力反恐怖举措的运用和配合；反恐怖总体策略就是在武力打击恐怖主义嚣张气焰的基础上，推动社会公正与公平。在真正实现共赢、共享、共存的全球发展战略的基础上，最终铲除恐怖主义滋生的根源。[①]

[①]《人民日报》，2005年9月6日，第10版。

后　记

　　在西北政法大学博士工作项目的带动下，在出版社的帮助下，这一书稿得以修订再版，诚挚感谢大家对这一项目的支持与鼓励。但因水平、时间所限，一些思考没有成文，一些分析确显单薄、孤陋。诚恳接受大家的指正。

　　每次统稿时，总会想到自己的老师：无论老师退休了，还是归真了，我都能感到——老师站在讲台上注目着我做"a、o、e"，及"1+1"的作业。我爱我师，故爱真理——正是老师的引导让我向往真理、坚信真理的存在及其可知性；师恩是春风。

　　深感恐怖主义问题研究是不轻松的。一则是自己的疏浅；二则是该问题作为政治、社会问题的复杂性，作为学术问题的特殊性。但既然是老师指导我选择的作业，我一定坚持做好，希望能够再次修订。我曾无知地对老师"狂言"，要写出两本像样的书；但现在惶惶、羞愧地不敢再提了。但在对恐怖主义问题的探究中我期望做两个方面的工作：一是对恐怖活动、反恐怖行动的当代现象的分析；二是从当代现象中做一些理论思考。在未来进一步的学术探索中，将着力思考：

　　当代世界的时代特点与恐怖主义问题的关系？

　　反恐怖工作取得决定性成效之时的世界，将会是、应当是什么样的状态？

著者

2018 年 8 月

图书在版编目（CIP）数据

当代恐怖主义与反恐怖策略/张金平著. —北京：时事出版社，2019.2
ISBN 978-7-5195-0264-5

Ⅰ.①当… Ⅱ.①张… Ⅲ.①恐怖主义—研究—世界 ②反恐怖活动—研究—世界 Ⅳ.①D815.5

中国版本图书馆 CIP 数据核字（2018）第 213271 号

出版发行：时事出版社
地　　　址：北京市海淀区万寿寺甲 2 号
邮　　　编：100081
发 行 热 线：(010) 88547590　88547591
读者服务部：(010) 88547595
传　　　真：(010) 88547592
电 子 邮 箱：shishichubanshe@sina.com
网　　　址：www.shishishe.com
印　　　刷：北京旺都印务有限公司

开本：650×980　1/16　印张：12.5　字数：220 千字
2019 年 2 月第 1 版　2019 年 2 月第 1 次印刷
定价：88.00 元

（如有印装质量问题，请与本社发行部联系调换）